Jonathon Van Maren

Sehen heißt verstehen

Jonathon Van Maren

Sehen heißt verstehen

Warum unsere Gesellschaft sich den
Opfern von Abtreibungen stellen muss

sundaysforlife e.V.
Augsburg 2025

Erste Auflage. 2025

Bibliografische Information der Deutschen Nationalbibliothek:

Die Deutsche Nationalbibliothek verzeichnet diese Publikation in der Deutschen Nationalbibliografie; detaillierte bibliografische Daten sind im Internet über dnb.dnb.de abrufbar.

Deutschsprachige Lizenzausgabe des englischsprachigen Buches

Jonathon Van Maren, Seeing Is Believing. Why Our Culture Must Face the Victims of Abortion, Life Cycle Books Ltd. Toronto, Ontario, Canada 2017. ISBN 978-0-919225-54-1

Lizenz der Life Cycle Books Ltd. vom 16.04.2024

sundaysforlife e. V.
c/o Postflex #493
Emsdettener Str. 10
48268 Greven
Deutschland

Bestellungen an:
socialmedia@sundaysforlife.org
oder **sfl.onl/sehen**

ISBN 978-3-00-082447-0

Inhaltsverzeichnis

Widmung

Für die Millionen wunderschöner Kinder, die zu uns kamen,
aber gewaltsam vernichtet wurden, bevor wir ihre Gesichter zu sehen bekamen
oder ihre Stimmen hören konnten.

Wir streben danach, der Welt zu erzählen, was geschehen ist.

Vorwort

„Seeing is believing" – „Sehen heißt verstehen". Diesen Satz kennt so gut wie jeder. Mehr denn je leben wir in einer Welt, in der sich die Menschheit mehr mit visuellen Eindrücken beschäftigt und sich zu ihnen hingezogen fühlt als zum geschriebenen Wort. Von der Kinoleinwand über den Fernsehbildschirm bis hin zu den Fotos, die wir auf unsere Facebook-Seiten stellen – wir kommunizieren, wer wir sind, woran wir glauben und was uns am Herzen liegt, durch die Bilder, die wir posten, mindestens ebenso sehr wie durch die schriftlichen Aussagen, die wir machen. Wir kennen auch die Redewendung: „Ein Bild sagt mehr als tausend Worte". In gewisser Weise haben „Sehen heißt verstehen" und „Ein Bild sagt mehr als tausend Worte" durch die Erfindung der Kamera und des fotografischen Bildes noch mehr an Bedeutung gewonnen, weil durch ein Foto unsere Erfahrungen mit der Welt objektiv wie nie zuvor festgehalten werden können. Jetzt sind wir nicht mehr auf die Kunstfertigkeit und die interpretierende Subjektivität eines Künstlers angewiesen, um Gedanken und Ideen zu vermitteln, sondern wir haben mit der Fotografie gewissermaßen ein Abbild der Realität, durch das wir in eine Welt hineingezogen werden können, die wir nie gesehen haben und an der wir sonst nie teilhaben könnten. Die Fotografie ist ein Portal in ferne und verborgene Welten, welche diese für das Auge zugänglich macht und die Macht hat, uns auf einen Blick „sehen und verstehen" zu lassen.

Das Buch, das Sie in den Händen halten, ist ein Buch über eine bestimmte Art von Fotografie, ohne die eine bestimmte, verborgene Welt in der Tat unzugänglich bliebe – und darüber hinaus eine schreckliche Wahrheit über eine Ungerechtigkeit, die verhüllt und verborgen bliebe, nämlich die legalisierte Tötung von Ungeborenen.

Ich bin jemand, der eng mit den durch Abtreibung getöteten vorgeburtlichen Menschen zu tun hatte und Tausende ihrer Körper aus den Müllcontainern geholt hat, in die sie von denen, die sie getötet haben, entsorgt wurden. Ich habe Hunderte von Stunden damit verbracht, die durch Abtreibung Getöteten fotografisch zu dokumentieren. Dabei bin ich zu dem Schluss gekommen, dass die Notlage der Ungeborenen darin besteht, dass sie von Natur aus unsichtbar sind – was mich zu einer anderen bekannten Redewendung bringt: „Aus den Augen, aus dem Sinn." Die Ungeborenen sind nicht nur verborgen, sondern in den frühen Stadien ihrer Entwicklung auch unglaublich klein – so klein, dass man die Körperteile selbst dann leicht übersieht, wenn man mühsam nach fötalen Überresten sucht, die in einer Masse aus Plazenta und unförmigem Gebärmuttergewebe eingebettet sind. Im Februar 2010 wurden siebzehn Leichen abgetriebener Babys im Müllcontainer der Woman's Choice Klinik in Lansing, Michigan, gefunden. Eines der Opfer war so klein, dass der gesamte abgetrennte Arm von der Schulter bis zu den Fingerspitzen nicht nur in den Umfang eines amerikanischen Centstücks, sondern auch in das Gesicht von Roosevelt auf dieser Münze passte. Ein sehr kleiner Mensch, aber ein perfekt geformtes menschliches Wesen.

„Aus den Augen, aus dem Sinn" ist genau das, was die Abtreibungsindustrie zu erreichen hofft, wenn es um die Existenz der Ungeborenen geht, die für deren Tötungsräume vorgesehen sind. Das gesamte Abtreibungsgeschäft ist darauf ausgerichtet, den Ungeborenen im Verborgenen zu halten, weshalb Euphemismen wie P.O.C.s – „products of conception" (dt.: Empfängnisprodukte) oder „Gebärmutterinhalt" – verwendet werden müssen. Daher kommt auch der Widerstand der Befürworter der legalen Abtreibung gegen Gesetze zur informierten Zustimmung sowie Gesetze, die vorschreiben, dass Abtreibungsdienstleister der Frau zumindest einen Blick auf das Ultraschallbild ihres Babys gewähren müssen. Es obliegt den Abtreibungsdienstleistern, das Baby „außer Sichtweite" zu halten, um die Tötung zu erleichtern. Wenn der Tod des vorgeburtlichen Kindes nicht sichtbar gemacht werden kann, dann können wir uns vormachen, dass nichts da war und die Abtreibung nichts, geschweige denn *jemanden* getötet hat.

Die Verschleierung der Opfer der Abtreibung und der Tötungshandlungen dient dazu, die Ungerechtigkeit der Abtreibung zu erleichtern, und wenn die Opfer der Abtreibung vor der breiten Öffentlichkeit verborgen bleiben, schafft dies eine schlafende, apathische Bevölkerung, die dann einfach so weiterleben kann, als ob nichts im Argen wäre – schließlich sieht bei über 60 Millionen toten ungeborenen Kindern allein in den Vereinigten Staaten – die kanadischen Opfer nicht einmal mitgezählt – [in Deutschland jährlich 100.000 abgetriebene Kinder] alles so normal aus! Die verborgene, winzige Existenz der Ungeborenen erleichtert ihre Tötung und ermöglicht ihr Verschwinden „aus den Augen, aus dem Sinn", während ihre Körper verwesen und in unseren Mülldeponien und Abwasserkanälen verschwinden.

Eines der eindringlichsten Zeugnisse von Abtreibungsopfern ist die Art und Weise, wie sich das Leben der ehemaligen Klinikleiterin von Planned Parenthood, Abby Johnson, veränderte, als sie die Tötung eines 13 Wochen alten, ungeborenen Kindes in ihrer texanischen Klinik mit ansehen musste. Sie erinnert sich in ihrem Buch *Unplanned: The Dramatic True Story of a Former Planned Parenthood Leader's Eye-opening Journey Across the Life Line* [dt.: *Abby Johnson, Lebenslinie. Warum ich keine Abtreibungsklinik mehr leite.* Übers. von Alexandra M. Linder, Augsburg 2012]. Als sie gebeten wird, bei einer ultraschallgesteuerten Abtreibung zu assistieren, sagt Abby:

Mein Blick schoss wieder auf den Bildschirm zurück. Die Kanüle wurde vom Arzt bereits gedreht, und nun konnte ich sehen, wie sich der winzige Körper heftig mitdrehte. Für einen kurzen Moment sah es so aus, als würde das Baby wie ein Geschirrtuch ausgewrungen, gezwirbelt und gequetscht werden. Und dann sackte der kleine Körper zusammen und verschwand vor meinen Augen in der Kanüle. Das letzte, was ich sah, war das winzige, perfekt geformte Rückgrat, das in den Schlauch gesaugt wurde, und dann war alles weg. Und die Gebärmutter war leer. Völlig leer.

Dies war Abbys schmerzhaftes Erwachen. Sie sah ein „menschliches Baby, das um sein Leben kämpft" und verstand, dass alles, was sie in Bezug auf Abtreibung glaubte und verteidigte, „eine Lüge ist". Sie schwor sich: „Nie wieder! Nie wieder" etwas mit Abtreibung zu tun zu haben.

Fotos von Abtreibungsopfern (FAO) haben die Menschen für die Tragödie und Ungerechtigkeit der Abtreibung sensibilisiert. In den Anfangsjahren der Lebensrechtsbewegung zweifelte kaum jemand, der sich für die Beendigung der legalisierten Abtreibung einsetzte, an der Notwendigkeit der Verwendung von Fotos von Abtreibungsopfern (FAO) als notwendiges Instrument, um auf die Notlage der vorgeburtlichen Kinder aufmerksam zu machen. Die Pioniere der Bewegung sahen es als selbstverständlich an, dass das Verbrechen der Abtreibung aufgedeckt werden musste. In den letzten Jahren ist jedoch innerhalb der Bewegung eine Debatte über die Verwendung von FAO entbrannt, und eine ganze Reihe von Pro-Life-Aktivisten hat sich energisch gegen FAO ausgesprochen, insbesondere gegen ihre Zurschaustellung im öffentlichen Raum. Jonathon Van Marens Buch ist die dringend benötigte, ausführliche und umfassende Rechtfertigung für die Rolle, die Fotos von Abtreibungsopfern bei der Beendigung des Verbrechens der Abtreibung spielen. Hier finden Sie sogar neues Material zu diesem schon lange diskutierten Thema, insbesondere den Abschnitt über „Fötusträume". Van Maren lässt nichts unversucht, um die gängigen Argumente gegen den Einsatz von FAO fundiert und gut artikuliert zu widerlegen.

Aufgrund der Unsichtbarkeit der Abtreibungsopfer wird die gesamte Abtreibungsfrage leicht auf Politik oder abstrakte philosophische Debatten über Rechte und Pflichten und den Beginn des menschlichen Lebens reduziert. Wenn Abtreibung tatsächlich ungerecht ist, wenn sie eine schreckliche Gewalttat und eine Tragödie ist, dann deshalb, weil diese Gewalt das Leben von Menschen vernichtet. Bei der Abtreibung geht es nicht um eine schlechte Idee, sondern um Millionen toter Menschen, die gesetzeskonform getötet wurden. Was wirklich passieren muss, ist, dass unsere Kultur den Verlust dieser Menschen *persönlich* nimmt – denn jede Abtreibung ist die Tötung eines *Jemands*. Man kann sich kaum ein Hilfsmittel vorstellen, das den Verlust dieses *Jemands* für eine Welt, die sich lieber nicht darum kümmern würde, real werden lässt. Abtreibung ist eine Form der Tötung, die darauf abzielt, das Leben der Ungeborenen im Verborgenen zu halten, so als ob diese Personen nie existiert hätten. Das Zeigen der Bilder Abgetriebener zeigt die Grausamkeit dieses Geschehens. In diesem Sinne haben die Opfer von Abtreibungen ein Recht darauf, Sie zu belästigen.

Sie haben in der Tat ein Recht darauf, gesehen zu werden, und sie haben wie alle Menschen das Recht, über ihre Existenz zu sprechen und die Wahrheit über die Gewalt zu sagen, die ihnen angetan wurde. Das können sie jetzt nur tun, wenn die Brutalität ihres Todes irgendwie auf einem Foto festgehalten wurde. Wir müssen begreifen, dass wir, wenn wir ein solches Bild betrachten, nicht einfach nur sehen, was Abtreibung anrichtet, sondern dass wir mit *jemandem* konfrontiert werden, der durch dieses Bild seinen Platz unter uns einnimmt und uns auffordert, den Ideen und Handlungen ein Ende zu setzen, die darauf abzielten, ihn von vornherein aus der Menschheitsfamilie auszuschließen!

Bei Fotos von Abtreibungsopfern geht es um die Realität. Solche Fotos fordern die Menschheit heraus, sich mit dieser Ungerechtigkeit auseinanderzusetzen, sie entlarven die Lügen, in denen wir uns eingerichtet haben, und motivieren uns, die Bemühungen, um die Befreiung des Menschen auszudehnen auf die Schwächsten und Verletzlichsten unter uns. Um schließlich zu sagen: „Nie wieder!"

10. Oktober 2017

Dr. Monica Miller
Gründerin und Direktorin von „Citizens for a Pro-Life Society"

Einführung

Der Kampf für das Recht auf Leben ist nicht die Sache einiger weniger, sondern die Sache eines jeden Mannes, einer jeden Frau und eines jeden Kindes, die sich nicht nur um ihre eigene Familie, sondern um die ganze Menschheitsfamilie sorgen.

Dr. Mildred Jefferson
Erste schwarze Frau, die einen Abschluss an der Harvard Medical School machte

---

Seit mehr als 50 Jahren kämpft die Lebensrechtsbewegung mit zahlreichen Mitteln gegen die Abtreibungsindustrie – von der Demonstration auf der Straße bis zur politischen Willensbildung in den Rathäusern. Obwohl es in den Vereinigten Staaten einige Erfolge bei der Gesetzgebung gab und Organisationen wie Operation Rescue bei der Schließung von Abtreibungskliniken sehr erfolgrcich waren, ist die gesellschaftliche Situation derzeit immer noch sehr günstig für Abtreibungsbefürworter. Das Ideal der sogenannten „Pro-Choice-Bewegung" ist die Abtreibung auf Verlangen während der gesamten Schwangerschaft, wie sie in Kanada existiert und wie es in mehreren amerikanischen Bundesstaaten der Status quo ist. Deren Ideal ist weitaus stärker verbreitet als das Ideal der Lebensrechtsbewegung, die eine Kultur des Lebens vertritt, in der Abtreibung keine akzeptable Option ist.

Die Mehrheit der Menschen befürwortet nach wie vor legale Abtreibung, zumindest in einem bestimmten Stadium der Schwangerschaft. Trotz des Aufkommens alternativer Medien, die der Lebensrechtsbewegung freundlich gesinnt sind, sind die Mainstream-Medien immer noch mit überwältigender Mehrheit für Abtreibung. Infolgedessen ist die Lebensrechts-Bewegung die erste Menschenrechtsbewegung, die von einem Medienkomplex bekämpft wird, der an der Vertuschung von Menschenrechtsverletzungen beteiligt ist. In den öffentlichen Schulen spielt die ethische Bewertung von Abtreibungen keine Rolle, und die überwiegende Mehrheit der Akademiker vertritt eine abtreibungsfreundliche Weltanschauung. Politiker behaupten, Abtreibung sei eine weltanschauliche Angelegenheit, religiöse Würdenträger behaupten, es sei eine politische Frage, und in der Mitte türmen sich die Leichen. Unsere Kultur schlafwandelt durch ein Massaker unvorstellbaren Ausmaßes. Deshalb müssen die Menschen endlich wachgerüttelt werden.

Die Lebensrechtsbewegung hat auf die Legalisierung von Abtreibung in vielfältiger Weise reagiert, und diese Reaktionen bilden das, was traditionell als die drei Arme der Lebensrechtsbewegung bekannt ist: der pastorale Arm, der politische Arm und der prophetische oder erzieherische Arm. Es gibt natürlich noch andere - die Geschichte der Rescue Bewegung von Mitte der 1980-er bis Anfang der 1990-er Jahre wäre eine strategische Anomalie -, aber die gegenwärtige Lebensrechtsbewegung lässt sich größtenteils in diese drei Kategorien einteilen.

Der seelsorgliche Arm reagiert auf das Faktum von Abtreibungen und versucht, deren Folgen abzumildern. Dazu gehören Beratungszentren, Heime für unverheiratete Mütter, Beratung nach einer Abtreibung und andere Formen der Unterstützung. Sie versuchen, die Armut zu lindern, Ressourcen bereitzustellen und dafür zu sorgen, dass Frauen das haben, was sie benötigen, um für ihre Kinder zu sorgen. Da der größte Teil dieser Arbeit unumstritten ist (obwohl die Abtreibungsindustrie sie verachtet, weil sie potenzielle Kunden abschreckt), ist dieser pastorale Arm ein Proprium der Kirchen und religiösen Organisationen.

Der politische Arm besteht aus den Lobbyisten und politischen Aktivisten der Lebensrechtsbewegung. Dazu gehören diejenigen, die sich mit Politikern treffen, um gegen die herrschende Abtreibungspolitik mobil zu machen, Organisationen, die Anti-Abtreibungspolitiker unterstützen und für sie werben, und diejenigen, die an der Basis arbeiten, um dort

Unterstützung zu suchen und dazu beizutragen, Lebensrechtler in politische Ämter zu wählen. Der politische Arm der Lebensrechtsbewegung setzt sich mit anderen Worten dafür ein, dass ein existierender gesellschaftlicher Konsens über die Abtreibung - wie beispielsweise ein Verbot der Teilgeburt oder ein Gesetz zum Schutz des schmerzfähigen ungeborenen Kindes - gesetzlich verankert wird.

Der prophetische oder aufklärerische Arm hat die Aufgabe, die öffentliche Meinung über Abtreibung zu verändern, mit anderen Worten, den Pro-Life-Konsens wiederherzustellen, der einst bestand. Ohne die konsequente Aufklärungsarbeit der Lebensrechtler würden Millionen von Männern und Frauen die Wahrheit über Abtreibung nicht kennen. Aufklärungsaktivisten sorgen dafür, dass Schwangerschaftskonfliktberatungszentren nicht einfach darauf warten, dass Menschen durch ihre Türen kommen, sondern sie schicken Menschen dorthin. Sie arbeiten daran, einen neuen Pro-Life-Konsens zu schaffen, auf den diejenigen, die in der Politik tätig sind, verweisen können, wenn sie mit Parlamentariern zusammentreffen, um sich für den Schutz der ungeborenen Menschen einzusetzen. Kurz gesagt, es ist die Aufgabe der Bildungsarbeit, das Blatt zu wenden.

Es muss also die Frage gestellt werden: Welche Mittel kann man im Bildungsbereich einsetzen? Was ist die wirksamste Strategie, um die Herzen und Gedanken von Millionen von Menschen zu verändern, wenn das Leben von Millionen anderer Menschen unzweifelhaft davon abhängt? Ist das überhaupt möglich?

Wir vom Canadian Centre for Bio-Ethical Reform und Tausende anderer Lebensrechtler - einige von ihnen sind Veteranen mit jahrzehntelangem Aktivismus wie Joe Scheidler, Gregg Cunningham, Mark Harrington und Scott Klusendorf, andere wie ich, die erst seit knapp einem Jahrzehnt Teil der Bewegung sind - haben festgestellt, dass Fotos von Abtreibungsopfern das wirksamste Aufklärungsinstrument sind, das uns zur Verfügung steht. Eine visuelle Generation in einer visuellen Welt braucht visuelle Beweise, die sich über das Geschwätz erheben und den Lärm des modernen Lebens durchbrechen, um eine starke Botschaft zu vermitteln: Abtreibung ist ein Akt der Gewalt, der ein unschuldiges menschliches Wesen tötet.

Von den Tagen William Wilberforces bis hin zu den Fronten der heutigen Abtreibungskriege sehen wir immer wieder eine einfache Wahrheit illustriert: Wenn die hässliche Wahrheit in den Vordergrund gerückt wird, hat sie die Macht, die Art und Weise zu verändern, wie Kulturen Ungerechtigkeit sehen. Und wenn wir die Art und Weise, wie jemand eine Ungerechtigkeit wahrnimmt, ändern, ändert dies zugleich auch die Art und Weise, wie Menschen auf eine Ungerechtigkeit reagieren.

Die Fotografie von Abtreibungsopfern wird von einigen immer noch als umstritten angesehen, weil sie so schockierend und verstörend ist. Das ist sie sicherlich, aber sie ist auch das wirksamste Instrument, das Lebensrechtler besitzen. Als Anwälte der zum Tode verurteilten oder bereits getöteten ungeborenen Kinder müssen wir unsere besten Beweise vor das Gericht der öffentlichen Meinung bringen. Auf den folgenden Seiten werde ich versuchen zu erklären, warum.

Kapitel 1

Was uns die Geschichte über gesellschaftlichen Wandel lehrt

Sie wurden in der Neuzeit mit Ruhm überschüttet, weil sie in ihrer eigenen Zeit mit Schande überschüttet wurden, oder zumindest mit Unpopularität. Denn sie taten das Unpopulärste, was ein Mensch tun kann: Sie setzten eine Bürgerbewegung in Gang.

G.K. Chesterton

In bestimmten Kreisen der Lebensrechtsbewegung hat sich eine gewisse Unbehaglichkeit breitgemacht. Viele von denen, die den ursprünglichen Kampf um die Legalisierung und Dutzende anderer blutiger Kämpfe in den folgenden Jahrzehnten geführt haben, blicken nun auf fast ein halbes Jahrhundert legaler Abtreibungen zurück und sind ohne Hoffnung, dass der Schutz des menschlichen Lebens im Mutterleib jemals wiederhergestellt wird. Viele Lebensrechtler sind inzwischen der Meinung, dass wir zwar viele einzelne Kinder retten können, aber nicht das Blatt wenden können. Millionen sind gestorben, und viele Menschen haben die Hoffnung verloren, dass sich die Kultur jemals ändern kann oder wird.

Das ist verständlich, vor allem wenn man bedenkt, wie viele Lebensrechtler in ihrem Kampf um die Rettung von Leben und den Schutz ungeborener Kinder über Jahre hinweg Blut, Schweiß, Mühe und Tränen vergossen haben. Auch wenn viele Siege errungen wurden, ist es eine

Tatsache, dass Abtreibung in fast allen westlichen Ländern legal ist und sich daran in naher Zukunft wohl auch nichts ändern wird. In diesem Zusammenhang ist es vielleicht hilfreich – wenn nicht sogar notwendig –, sich für einen Moment von der Front zurückzuziehen und einen Blick in die Vergangenheit zu werfen, um zu sehen, was wir von anderen Männern und Frauen lernen können, die ebenfalls lange und anstrengende Jahrzehnte lang dafür gekämpft haben, dass große Ungerechtigkeiten aus ihren Gesellschaften beseitigt werden. Viele dieser Männer und Frauen haben ebenfalls am Erfolg gezweifelt, und doch haben viele von ihnen noch erlebt, wie sich ihre Bemühungen tausendfach ausgezahlt haben.

Ein Blick in die Geschichte zeigt uns mehr als nur die Schlachten, vor denen wir stehen, und die Geschichte der sozialen Reformen ist eine eindringliche Warnung vor Zynismus. Immer und immer wieder sehen wir, dass relativ kleine Bewegungen Ungerechtigkeiten anprangerten, die institutionalisiert und tief in der Kultur verwurzelt waren und mithilfe der einfachsten Mittel das öffentliche Bewusstsein veränderten: durch plastische Darstellungen der Ungerechtigkeit, die den Opfern widerfahren war. Wenn wir aus der Geschichte etwas lernen können, dann das, dass alle alten Sprichwörter wahr sind: *Sehen heißt verstehen. Wenn das Ohr nicht hören will, sprich zum Auge. Man muss es sehen, um es zu glauben.* Tatsächlich beweist die gesamte Geschichte der sozialen Reformen, von den ersten Feldzügen der Gegner der Sklaverei in Großbritannien bis hin zur Bürgerrechtsbewegung, die die Rassentrennung im Süden der USA beenden wollte, dass Gerechtigkeit durch den Einsatz von wirkungsvollen Bildern erreicht werden kann.

Der Anti-Abtreibungsaktivist und Stratege Gregg Cunningham schrieb einmal: „Unsichtbare Ungerechtigkeit wird unweigerlich erträglich." Das ist unbestreitbar wahr, aber die Sozialreformer der Vergangenheit haben uns auch eine andere Lektion gelehrt: *Sichtbare* Ungerechtigkeit wird unweigerlich *unerträglich*. Die Geschichte der Sozialreform ist voll von entsprechenden Beispielen.

Die Gesellschaft zur Abschaffung des Sklavenhandels (Society for Effecting the Abolition of the Slave Trade)

Um die Tragweite des Erfolgs der Abolitionisten wirklich zu verstehen, muss man die Welt verstehen, die sie antrafen. „Sklaverei", so der Historiker Eric Metaxas, „war so akzeptiert wie Geburt, Heirat und Tod … so in den Teppich der Menschheitsgeschichte eingewoben, dass man ihre Fäden kaum sehen konnte, geschweige denn herausziehen. Überall auf der Welt war die Vorstellung einer menschlichen Zivilisation ohne Sklaverei über 5000 Jahre hinweg unvorstellbar."[1] Die zwölf Männer, die sich am 22. Mai 1787 in einer kleinen Londoner Druckerei trafen, versuchten also nicht nur, ein Unrecht zu beseitigen, das sich über Jahrzehnte oder gar Jahrhunderte in der Gesellschaft eingeschlichen hatte. Sie beschlossen, sich einem Übel zu stellen, das es schon seit *Menschengedenken* gab.

Der Historiker Adam Hochschild, Autor des richtungsweisenden Werks *„Bury the Chains: Prophets and Rebels in the Fight to Free an Empire's Slaves"* (dt.: *Sprengt die Ketten: Der entscheidende Kampf um die Abschaffung der Sklaverei*, Klett-Cotta Stuttgart 2007), zeichnete ein klares und aufschlussreiches Bild von der Aufgabe, der sich die Abolitionisten gegenübersahen:

> Um zu verstehen, wie bedeutsam das war, was in dem Haus in der George Yard 2 begann, muss man sich die Welt im Jahr 1787 vorstellen. Weit über drei Viertel der Menschen auf der Erde sind in der einen oder anderen Form in Knechtschaft. In Teilen Amerikas übertreffen Sklaven die Zahl der freien Menschen bei Weitem. Afrikanische Sklaven sind auch in weiten Teilen der islamischen Welt weit verbreitet. Selbst in den meisten Teilen Afrikas ist Sklaverei an der Tagesordnung. In Indien und anderen Teilen Asiens sind einige Menschen reine Sklaven, andere sind durch Schulden so an einen bestimmten Grundbesitzer gebunden, dass sie genauso hart arbeiten müssen wie ein Sklave auf einer Plantage im Süden. In Russland besteht die Mehrheit der Bevölkerung aus Leibeigenen. Nirgendwo ist die

> Sklaverei stärker verwurzelt als im britischen Überseereich, wo etwa eine halbe Million Sklaven systematisch zu Tode geschunden werden, um Zucker aus Westindien anzubauen. Die Vermögen vieler mächtiger Dynastien in der Karibik stammen von Sklavenplantagen, von den Vorfahren von Elizabeth Barrett Browning bis zur Familie des steinreichen William Beckford, dem Bürgermeister von London, der Mozart engagierte, um seinem Sohn Klavierunterricht zu geben. Eine der ertragreichsten Zuckerplantagen auf Barbados gehört der Kirche von England. Darüber hinaus dominierten britische Schiffe den Sklavenhandel und brachten jedes Jahr Zehntausende von an Ketten gefesselten Gefangenen in die französischen, niederländischen, spanischen und portugiesischen Kolonien sowie in die eigenen Kolonien.
>
> Wenn man im London des Jahres 1787 vorgeschlagen hätte, all dies zu ändern, hätten neun von zehn Menschen einen für geisteskrank erklärt. Der zehnte hätte vielleicht zugegeben, dass Sklaverei unangenehm ist, aber daran festgehalten, dass ihre Abschaffung die Wirtschaft des britischen Empire zerstören würde ... rückblickend ist jedoch die Geschwindigkeit, mit der die Sklaverei abgeschafft wurde, noch überraschender als ihr Ausmaß. Ende des 19. Jahrhunderts war die Sklaverei zumindest auf dem Papier fast überall abgeschafft. Jedes amerikanische Schulkind lernt etwas über die Underground Railroad und die Emanzipationsproklamation. In unseren egozentrischen Lehrbüchern wird jedoch häufig die Tatsache ausgelassen, dass die damalige Supermacht Sklaverei bereits ein Vierteljahrhundert zuvor abgeschafft hatte.[2]

Von der kleinen Gruppe von Männern, die sich an jenem schicksalhaften Maiabend trafen, sollten insbesondere zwei eine wichtige Rolle bei der Abschaffung des Sklavenhandels und, etwas mehr als zwei Jahrzehnte später, bei der Abschaffung der Sklaverei selbst spielen: William Wilberforce, der zierliche, aber mächtige Redner und Politiker, und Thomas Clarkson, der eigentlich Geistlicher werden wollte, bevor er für einen Aufsatzwettbewerb über den Sklavenhandel recherchierte und zu der Überzeugung gelangte, dass er unbedingt etwas dagegen unternehmen müsse. Wilberforce war der Mann, der die Gesetzgebung vorantreiben konnte, da er mit Premierminister William Pitt dem Jüngeren und vielen anderen mächtigen Männern in Verbindung stand. Clarkson hingegen war der Aufwiegler und Aktivist, der die Basis organisierte und Beweise für die versteckten Grausamkeiten sammelte, die auf hoher See und auf den feuchten Plantagen mit der Zustimmung des Empire begangen wurden. Einer derjenigen, die Wilberforce ermutigten, sich zu engagieren, war ein Pastor namens John Newton. Er war ein ehemaliger Sklavenhändler, der Wilberforces Lieblingshymne „Amazing Grace" komponiert hatte. Später sollte er vor dem britischen Parlament über die Verderbtheit des Sklavenhandels sprechen.

Wilberforce hielt seine erste große Rede zur Abschaffung der Sklaverei im Unterhaus am 12. Mai 1789. Er schilderte in unerträglichen Einzelheiten das Elend derer, die in Ketten aus ihrer Heimat in Afrika verschleppt wurden, die Brutalität und den frühen Tod, der sie auf den westindischen Plantagen erwartete, die Großbritannien mit Zucker für seinen Tee versorgten, und forderte seine politischen Kollegen auf, zu handeln:

> Ich will niemanden beschuldigen, sondern die Schande auf mich nehmen, zusammen mit dem gesamten britischen Parlament, das diesen grausamen Handel unter seiner Autorität zugelassen hat. Wir sind alle schuldig – wir sollten uns alle schuldig bekennen und uns nicht dadurch entlasten, dass wir die Schuld auf andere abwälzen; und ich missbillige daher jede Art von Erwägung gegen die verschiedenen Gruppen von Menschen, die am unmittelbarsten in diesen schändlichen Handel verwickelt waren ... Wie kann dieses Haus den zahlreichen Zeugenaussagen vor dem Privy Council über die grausame Behandlung der Neger in der mittleren Passage den Glauben verweigern? Nein, welche Beweise braucht es denn noch? Die Zahl

> der Toten spricht für sich und macht alle derartigen Untersuchungen überflüssig. Als ich in meiner Untersuchung über den Sklavenhandel an diesen Punkt gekommen war, muss ich Ihnen gestehen, Herr, dass mir seine Abscheulichkeit so groß, so furchtbar, so unabänderlich erschien, dass ich mich ganz und gar für seine Abschaffung entschied. Ein Handel, der auf Ungerechtigkeit beruht und auf diese Weise betrieben wird, muss abgeschafft werden, gleichgültig welche Politik, gleichgültig welche Folgen. Ich war von diesem Augenblick an entschlossen, nicht eher zu ruhen, bis ich seine Abschaffung durchgesetzt hätte.[3]

Die Abschaffung des Sklavenhandels kam trotz der enormen Lobbyarbeit Wilberforces und der Organisation an der Basis durch die Society for Effecting the Abolition of the Slave Trade und ihrer Freunde nicht zustande.

Wilberforce brachte immer wieder Gesetzesentwürfe ein, die den Sklavenhandel verbieten sollten – 1791, 1792, 1793, 1797, 1798, 1799, 1804 und 1805. Da jeder Gesetzesentwurf scheiterte, wurde der Widerstand der Sklavenhändler und ihrer Verbündeten im Parlament sowie derer, die vom Sklavenhandel profitierten, immer heftiger und schärfer. Die Abolitionisten wurden verunglimpft und teilweise mit Gewalt und Mord bedroht. Wilberforce erlitt mehrere Nervenzusammenbrüche und wurde von Träumen von Sklaven in Ketten heimgesucht, die wegen seines Versagens starben. Politische Lobbyarbeit und gesetzgeberische Maßnahmen zeigten keine Wirkung. Etwas anderes war nötig.

William Wilberforce und Thomas Clarkson begannen gemeinsam mit der Gesellschaft zu erkennen, was seither zu einem Grundprinzip wirksamer Sozialreformen geworden ist: Um den moralischen Ernst ihres Kampfes zu verstehen, mussten sie die Nation mit den Opfern des Sklavenhandels bekannt machen. Viele Briten hatten noch nie einen Schwarzen gesehen, geschweige denn einen Sklaven. Sie hatten weder die grotesken, stinkenden Sklavenschiffe mit ihren prallen Bäuchen voller gequälter Menschheit gesehen, noch hatten sie miterlebt, wie

Männer und Frauen auf den Plantagen der Westindischen Inseln wegen geringfügiger Vergehen geschlagen oder verbrannt wurden. Der Sklavenhandel beschäftigte sie nicht, weil seine unsichtbaren Schrecken für sie unzugänglich waren. Selbst Politiker wie der große Edmund Burke, ein Unterstützer Wilberforces, gingen davon aus, dass ein Verbot des Sklavenhandels nicht möglich sein würde. Damit sich die britische Öffentlichkeit auf die Seite der Abolitionisten stellte, mussten diese ihr zeigen, was vor sich ging.

Zunächst beauftragten die Abolitionisten den berühmten Porzellanhersteller Josiah Wedgwood mit der Schaffung eines ikonischen Bildes. Dieses Bild sollte dazu dienen, den „Sklavenhandel" im Bewusstsein der Öffentlichkeit zu verändern – war er zuvor eine rein ökonomische Abstraktion, so konnte er nun als reales Unrecht mit konkreten Opfern begriffen werden. Das Bild zeigte einen knienden Afrikaner in Ketten, der mit ausgestreckten Armen den Betrachter anfleht: „Bin ich nicht ein Mensch und ein Bruder?"

Medaillon gegen die Sklaverei – Kamee-Abzeichen von Josiah Wedgwood, William Hackwood, Detail (Metropolitan Museum of Art)

1787

Das Bild verbreitete sich wie ein Lauffeuer in der britischen Gesellschaft. Wie Adam Hochschild bemerkte:

> Das Bild wurde überall reproduziert, von Büchern und Flugblättern bis hin zu Schnupftabakdosen und Manschettenknöpfen. Wedgwoods kniender Afrikaner ... war wahrscheinlich die erste weit verbreitete Verwendung eines Logos für ein politisches Anliegen. Benjamin Franklin, der gegen die Sklaverei kämpfte, betrachtete es als eine sehr brauchbare Werbung. Er sagte, dass die Wirkung des Bildes „der des besten geschriebenen Flugblattes entspricht".[4]

Die Historikerin Karen Swallow Prior stellte in ihrer Biografie der Abolitionistin Hannah More fest, dass das Bild „im ganzen Königreich reproduziert wurde und auf Tellern, Teedosen, Haarnadeln [und] Armbändern zu finden war",[5] während der Wilberforce-Biograf Eric Metaxas schrieb, dass es „auch als Siegelring zum Verschließen von Briefen verwendet wurde, sodass sogar Wachssiegel auf Briefen auf die Sache aufmerksam machten".[6]

Die Wirkung von Wedgwoods Bild wurde noch verstärkt durch erschütternde Berichte über das Leben und Sterben an Bord der Sklavenschiffe, über die Grausamkeiten auf den Plantagen, durch weitere Bilder von Sklaven, die mit eingekerbten Baumstämmen um den Hals entlang der afrikanischen Sklavenrouten zum Meer getrieben wurden, wo sie von den Händlern erwartet wurden, sowie durch brutale Bilder von Auspeitschungen und Sklaven, die zum Ertrinken über Bord geworfen wurden. Die britische Öffentlichkeit begann, wenn auch langsam, zu begreifen, dass der Sklavenhandel ein Übel war – und kein Bild lastete so schwer auf ihrem Gewissen wie die berüchtigte Zeichnung des Sklavenschiffs *Brookes* aus dem Jahr 1788. Adam Hochschild hat die Auswirkungen dieser Zeichnung auf die öffentliche Meinung beschrieben:

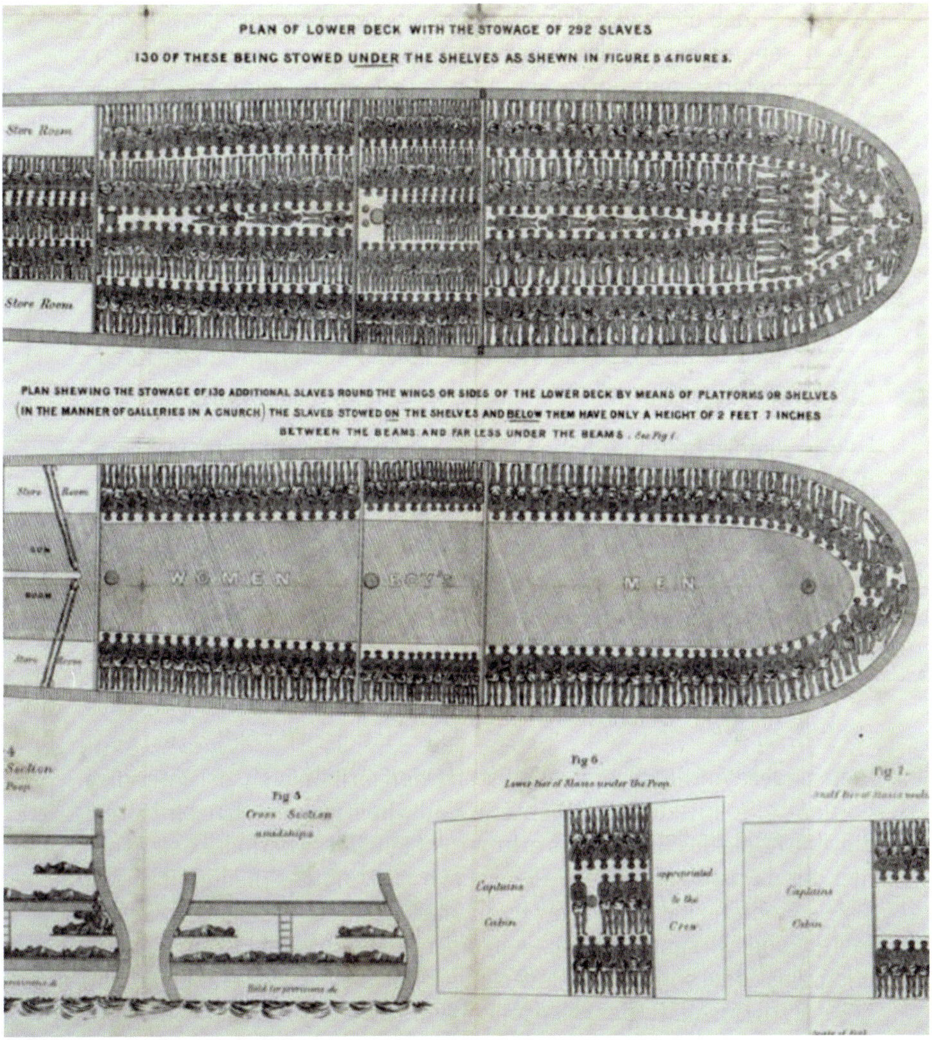

Ein Plan des britischen Sklavenschiffs Brookes, der zeigt, wie Sklaven an Bord untergebracht waren.

1788

> Er gab die Maße in Fuß und Zoll an und zeigte die Sklaven eng aneinandergereiht, flachliegend, die Körper einander oder den Schiffsrumpf berührend. Wie bei all seinen Arbeiten achtete das Komitee darauf, nicht zu übertreiben: Das Diagramm zeigte 482 Sklaven, obwohl die Brookes auf mehreren früheren Reisen unter „dicht drängenden" Kapitänen zwischen 609 und 740 Sklaven transportiert hatte. Die Zeichnung erschien in Zeitungen, Zeitschriften, Büchern und Flugblättern. Das Komitee erkannte, was für eine mächtige Waffe es damit in der Hand hatte, und druckte schnell mehr als siebentausend Exemplare als Poster, die an Hauswänden und in Kneipen im ganzen Land aufgehängt wurden.
>
> Ikonische Bilder haben Macht, weil sie uns das sehen lassen, was wir uns vorher kaum vorstellen konnten ... Im Zeitalter vor der Fotografie schien das *Brookes*-Diagramm „allen, die es sahen, einen unmittelbaren Eindruck des Schreckens zu vermitteln", schrieb [Thomas] Clarkson. Lange Zeit später erinnerte sich die Tochter von Samuel Hoare, eines der Gründungsmitglieder des Abolition Committee, daran, wie „schreckliche Kupferstiche aus dem Inneren eines Sklavenschiffes an die Wände unseres Speisesaals gepinnt wurden".[7]

Viele andere Anti-Sklaverei-Aktivisten taten es ihr gleich, darunter die berühmte Schriftstellerin, Dichterin und Abolitionistin Hannah More, die eine Kopie des Diagramms griffbereit hielt, um es bei jeder Gelegenheit ihren Gästen zu zeigen. „Die visuelle Wirkung des Diagramms", so Mores Biografin Karen Swallow Prior, „machte es zu einem der berühmtesten und wirkungsvollsten Instrumente der Abolitionisten-Bewegung. Das gesellschaftliche Bewusstsein hatte einen Schleier über das grausame Geschäft des Menschenhandels gelegt. Dieser Schleier musste gelüftet werden."[8]

Die Bilder von der *Brookes* und andere taten genau das. „Dieses fesselnde Bild", schrieb Metaxas, „versetzte die ganze Nation in Schrecken; es wurde endlos reproduziert und überall ausgehängt ... für jeden, der mit dem Sklavenhandel nicht vertraut war, wäre es unvorstellbar gewesen, dass so viele Menschen zusammengepfercht werden konnten, wie auf der Abbildung zu sehen war – und unvorstellbar, dass der dargestellte Horror erlaubt war, ... dieses Bild war der Trumpf der Abolition".[9] Die Abolitionisten wussten das auch und machten sich an die Arbeit, „das Land mit Sklavenschiffsdiagrammen zuzupflastern".[10]

Das Bild beeindruckte Bürgerliche und Könige gleichermaßen. Zar Alexander von Russland „zeigte auf das berühmte Sklavenschiff-Diagramm und sagte: „Es ist dieses Buch ..., das mich kränker gemacht hat als das Meer."[11] Nachdem er tausend Sklavenschiff-Diagramme ins Französische übersetzen und über den Ärmelkanal bringen ließ, stellte Thomas Clarkson fest, dass „der Erzbischof von Aix ... so entsetzt war, dass er kaum sprechen konnte", während König Ludwig XVI. von denjenigen daran gehindert wurde, das Diagramm zu sehen, die der Meinung waren, dass seine Gesundheit zu zerbrechlich sei, um einem so schockierenden Bild ausgesetzt zu werden.[12]

Das Ergebnis dieser Bilder war ein erwachendes soziales Bewusstsein. Der Sklavenhandel war für die Briten nicht mehr abstrakt – dafür hatten die Abolitionisten gesorgt – und sie reagierten darauf, indem sie Abolitionisten-Gesellschaften gründeten, öffentliche Debatten veranstalteten, riesige Petitionen in Umlauf brachten und forderten, dass etwas gegen die Ungerechtigkeit unternommen werden müsse. „Der Stimmungswandel in der Bevölkerung gegenüber der Abschaffung des Sklavenhandels [in den 1790er-Jahren] war schnell erfolgt", so Metaxas. „Nur wenige Jahre zuvor war die Unkenntnis über die Schrecken des Sklavenhandels noch weitverbreitet gewesen, doch nun waren der Handel und all seine vielfältigen Schrecken plötzlich in aller Munde. Plakate der Brookes waren allgegenwärtig, ebenso wie Bilder von Josiah Wedgwoods flehendem Afrikaner in Ketten".[13]

Dieser Meinungsumschwung bereitete den Boden für den endgültigen Erfolg des Sklavenhandelsgesetzes. Am 23. Februar 1807 stand Wilberforces Gesetz zum letzten Mal zur Abstimmung an. Die Debatte dauerte zehn Stunden – doch dieses Mal wollten so viele Politiker, die erkannt hatten, dass sich die Zeiten geändert hatten und der Wind der Geschichte ihnen im Nacken saß, zu diesem großen Thema sprechen. Sie sprangen auf, lobten Wilberforce und erklärten ihre Unterstützung für die Abschaffung des Sklavenhandels. Wilberforce sank weinend in seinen Sessel, als ihm klar wurde, dass nach 20 Jahren unermüdlicher Arbeit der als unmöglich verschriene Kreuzzug endlich Wirklichkeit werden würde.

Im Jahr 1833, nur wenige Tage, bevor William Wilberforce seinen letzten Atemzug tat, war das letzte Ziel der Abolitionistenbewegung erreicht, als die Sklaverei im gesamten britischen Empire abgeschafft wurde. Alle Kritiker hatten dieses Ziel als undenkbar bezeichnet, und selbst Befürworter der Abschaffung waren sich sicher, dass die Abolitionisten zum Scheitern verurteilt waren. Doch als die blutigen Beweise für die Sklaverei in der britischen Öffentlichkeit die Gewissen wachrüttelten, wurde das Ende dieses Übels zur Realität. Wie der Historiker des neunzehnten Jahrhunderts W.E.H. Lecky schrieb: „Der unermüdliche, unauffällige und unrühmliche Kreuzzug Englands gegen die Sklaverei kann wahrscheinlich als eine der drei oder vier vollkommen tugendhaften Seiten in der Geschichte der Nationen betrachtet werden."

Die kongolesische Reformbewegung

Um die Jahrhundertwende, nachdem die Abschaffung der Sklaverei Europa erfasst und scheinbar jeden Verfechter der Sklaverei zum Schweigen gebracht hatte, bemerkte ein junger Schifffahrtsangestellter namens Edmund Dene Morel etwas Seltsames, als er im Hafen von Antwerpen (Belgien) seiner Arbeit nachging. Es kamen Schiffe an, die bis zum Rand mit Gummi gefüllt waren – das war zu erwarten. Aber sie verließen die Kolonie des belgischen Königs Leopold II. nicht mit Waren, die als Zahlungsmittel verwendet werden sollten, sondern mit Waffen und Munition. Das war seltsam, dachte Morel. Die Gewinne, die aus dem so genannten freien Kongo herausgeholt wurden, waren gigantisch, aber die einzige Investition, die auf den afrikanischen Kontinent zurückging, waren Soldaten, Gewehre und Bajonette. Das konnte nur eines bedeuten: Ungeachtet der blumigen, philanthropischen Beschreibungen des belgischen Königs über seine afrikanischen Unternehmungen musste Leopold im Kongo tatsächlich einen Sklavenstaat betreiben.

Diese Entdeckung sollte, ähnlich wie Thomas Clarksons Entdeckung der Schrecken des Sklavenhandels ein Jahrhundert zuvor, den Lauf der Geschichte verändern. „Von Angesicht zu Angesicht mit dem Bösen konfrontiert", schrieb Adam Hochschild in seiner großartigen Geschichte „King Leopold's ghost" (dt.: *Schatten über dem Kongo, Die Geschichte eines der großen, fast vergessenen Menschheitsverbrechen,* Klett-Cotta Stuttgart 4. Aufl. 2000), „wendet sich Morel nicht ab. Stattdessen bestimmt das, was er sieht, den Verlauf seines Lebens und den Verlauf einer außergewöhnlichen Bewegung, der ersten großen internationalen Menschenrechtsbewegung des zwanzigsten Jahrhunderts. [Leopolds Kongo Sklavenstaat] war der erste große Grausamkeitsskandal im Zeitalter des Telegrafen und der Kamera".[14]

Im Alter von 28 Jahren kündigte Morel seinen Job, lehnte die Bestechungsversuche Leopolds und seiner Arbeitgeber ab und rief die sogenannte Kongoreformbewegung ins Leben. Wie die Society for Effecting the Abolition of the Slave Trade (Gesellschaft zur Abschaffung des Sklavenhandels) vor ihr wurde die Kongoreformbewegung von einem Mann angetrieben, der nicht aufgeben wollte, und von mächtigen, ergreifenden und anschaulichen Beweisen für das, was sich in den Dschungeln weit weg von den Augen der Europäer abspielte.

Doch zunächst etwas zum Kontext. Das Schicksal des Kongo, das zum Gegenstand von Morels Leidenschaft für Gerechtigkeit werden sollte, wurde zunächst von der unersättlichen Gier eines Mannes nach Reichtum und Macht geprägt: Leopold II., König der Belgier. Als Monarch mit enormen Ambitionen und einem winzigen Land war er jahrzehntelang auf der Suche nach einer Kolonie, die er sein Eigen nennen konnte.

„Nsala aus Wala im Nsongo-Distrikt mit der Hand und dem Fuß seiner fünfjährigen Tochter – alles, was von einem Kannibalenschmaus durch bewaffnete Kautschuksoldaten übriggeblieben ist."

Die Soldaten töteten seine Frau, seine Tochter und einen Sohn, zerstückelten die Leichen, kochten und aßen sie.

Kongo, 1904

Als der sogenannte „Wettlauf um Afrika" begann, hatte Leopold bereits die Nase vorn. Er hatte den weltberühmten Entdecker Henry Morton Stanley angeheuert – der den berühmten Satz: „Dr. Livingston, nehme ich an?" sagte –, um seinen Anspruch auf die Kongo-Gebiete abzustecken, und er schickte Botschafter durch ganz Europa und die Vereinigten Staaten, um andere Nationen davon zu überzeugen, seinen Anspruch auf weite Teile Afrikas anzuerkennen.

In einer heimtückischen Ironie nutzte er die von William Wilberforce, Thomas Clarkson und ihren wachsenden Legionen von Abolitionisten geschürte Anti-Sklaverei-Stimmung, um in Afrika überhaupt erst Fuß zu fassen. Er bezeichnete sich selbst scheinheilig als Abolitionisten und startete eine fromme PR-Kampagne, um sich als Philanthrop darzustellen, der die Abschaffung des arabischen Sklavenhandels und die Christianisierung der afrikanischen Völker als seine beiden großen Ziele verfolgte. Die Vereinigten Staaten erkannten Leopolds Anspruch auf den Kongo als erste an. Andere Nationen folgten bald. *Leopolds* Anspruch, wohlgemerkt – der Kongo war nicht Belgiens Kolonie. Er war Leopolds persönliches Lehnsgut.

Obwohl er vorgab, ein glühender Abolitionist zu sein, war der Leopoldinische Wolf im Schafspelz in Wirklichkeit einer der produktivsten Sklavenhändler seiner Zeit. Seine afrikanische Söldnerarmee, die *Force Publique*, bestand nicht nur aus Männern, die letztlich Sklaven waren, sondern das gesamte Kongogebiet wurde in einen Sklavenstaat verwandelt, wobei viele der Sklaven direkt von Tippu Tip geliefert wurden, dem bekanntesten Sklavenhändler auf dem afrikanischen Kontinent und genau die Art von Mann, die Leopold versprochen hatte, auszumerzen. Tip war natürlich froh, mit einem Mann Geschäfte zu machen, dessen Fähigkeit, menschliches Elend zu verursachen, seinen eigenen Fähigkeiten entsprach und sie vielleicht sogar übertraf.

Das Elend, das Leopold mit seinem eisernen Regime anrichtete, ist kaum zu beschreiben. Er setzte Kugeln, Peitschen, Hunger und Zerstörung ein, um Elfenbein und Kautschuk aus den Dschungeln seiner privaten afrikanischen Plantagen zu gewinnen. Seinen Agenten und Söldnern wurden Kontingente zugeteilt, die sie erfüllen sollten, selbst wenn sie sie aus dem Fleisch der Kongolesen herausschneiden mussten. Unverzüglich wurde den Menschen mit vorgehaltener Waffe das Elfenbein gestohlen. Da sie nicht in der Lage waren, sich aus eigener Kraft durch den dichten afrikanischen Dschungel zu schlagen, zwangen belgische Agenten Tausende von Kongolesen, als Träger schwere Lasten mit Wein, Lebensmitteln, Gewehren und Munition zu tragen, um letztere in die Leiber ihrer Landsleute zu schießen. Diese Märsche wurden von grausamen Peitschenhieben begleitet, und die afrikanischen Gefangenen mussten viele dieser Dschungelmärsche mit fest um den Hals geschlungenen Ketten zurücklegen. Niemand war zu jung, um geschlagen zu werden – ein belgischer Richter im Kongo erinnerte sich an kleine Kinder, viele von ihnen im Alter von sieben oder acht Jahren, die mit der berüchtigten *Chikotte-Peitsche* (aus Nilpferd-Rohhaut) 25 Peitschenhiebe erhielten, weil sie vor einem weißen Mann gelacht hatten. Peitschenhiebe mit mehr als 100 Schlägen waren keine Seltenheit und endeten in der Regel tödlich. Sie konnten für die unsinnigsten Vergehen verhängt werden.

Sowohl bei den belgischen Kolonisatoren als auch bei den Plantagenbesitzern in Westindien und den Sklavenkapitänen sehen wir, wie das Böse die Seele zersetzt und zerstört, indem es jeden Sinn für Menschlichkeit und Empathie auffrisst, bis nur noch eine schwarze Leere übrigbleibt. Frauen wurden als Sexsklavinnen entführt und in die Prostitution verkauft oder als Feldarbeiterinnen eingesetzt, wenn die weißen Beamten mit ihnen fertig waren. Selbst junge Mädchen in Missionsschulen waren nicht sicher und konnten von weißen Offizieren praktisch ungestraft entführt werden. In einem besonders grausamen Fall erschoss ein belgischer Offizier 60 Soldaten nacheinander, weil sie sich weigerten, am Sonntag zu arbeiten. Auch wenn Morde verpönt waren, war die Strafe – wenn überhaupt – ein Klaps auf die Hand. Joseph Conrad selbst schrieb *„Heart of Darkness"* (dt.: *Herz der Finsternis*, Diogenes Zürich 2005) über die Schrecken, die er in Leopolds Kongo sah, und beschrieb in seinem Tagebuch Szenen, die er miterlebte: Sklavenkolonnen, die mit eisernen Halsbändern aneinander gekettet waren, schwarze Leichen am Straßenrand mit Einschusslöchern, die auf Hinrichtungen im Schnellverfahren hindeuteten, und sogar ein Skelett, das noch immer an einen Pfosten gebunden war.

Die einzige Ausnahme von der europäischen Barbarei waren die protestantischen Missionare, und als solche wurden sie bei Aufständen gegen die Belgier von den Afrikanern, die ihre Hingabe an das Evangelium und ihre aufrichtige Liebe zu ihren afrikanischen Nachbarn respektierten, in der Regel in Ruhe gelassen oder sogar speziell versorgt. Später sollten die Berichte und Fotos der Missionare eines der wichtigsten Beweismittel für Morel gegen das Leopold-Regime sein.

Als die Nachfrage nach Elfenbein der Nachfrage nach Kautschuk wich, erreichte das Morden im Kongo fast das Ausmaß eines Völkermordes. Um die Afrikaner zu zwingen, sich im Wald zu verteilen und den Kautschuk zu ernten, überfielen die Händler die Dörfer, plünderten sie und hielten die Frauen als Geiseln, bis ihre verzweifelten Ehemänner und Familienmitglieder die geforderte Menge Kautschuk produziert hatten. Auch Dorfälteste, Häuptlinge oder Kinder dienten notfalls als Geiseln. Die Haftbedingungen waren so hart, dass der Tod keine Seltenheit und Vergewaltigung von Frauen durch die Wachen an der Tagesordnung war. Wenn Repressalien und Hinrichtungen für notwendig erachtet wurden, verlangten die Offiziere, dass ihnen die abgetrennten rechten Hände der Opfer gebracht werden, damit jede ihren Soldaten zugeteilte Kugel nachweislich zur Tötung eines Menschen verwendet und nicht für die Jagd vergeudet wurde. Wenn Soldaten ihre Munition zu Freizeitzwecken verwenden wollten, aber keine Lust hatten, jemanden zu erschießen, hackten sie oft einfach einem afrikanischen Kind die Hand ab und reichten dies als Beweis dafür ein, dass die Kugel für einen guten Zweck verwendet worden war. Manchmal wurden ganze Dörfer abgeschlachtet, weil sie sich weigerten oder nicht in der Lage waren, Gummi zu liefern.

Während der gesamten 1890-er Jahre waren Berichte über Gräueltaten im Kongo durch Besucher und protestantische Missionare an die

Presse gelangt, und jahrelang wurden sie von Leopold geschickt abgewiegelt, der sich stets schockiert und entsetzt zeigte und versprach, die Situation *sofort* anzugehen. Seine Öffentlichkeitsarbeit ähnelte der Kampagne der Sklavenhändler gegen die Abolitionisten, und man fragt sich, ob er sie tatsächlich studiert hat: Er log, er lenkte ab, er wies darauf hin, wo andere Gräueltaten stattfanden, er versuchte, seine Gegner zu schwächen und zu diskreditieren, er berief sich auf das so genannte Gemeinwohl, er entmenschlichte die Opfer und appellierte an den europäischen Rassismus, und er ignorierte einfach die Vorwürfe. Doch als sich der ehemalige Schifffahrtsangestellte Edmund Morel an die Arbeit machte, um Leopold zu entlarven, mussten seine Antworten zwangsläufig fehlschlagen.

Nach seiner Entdeckung im Hafen von Antwerpen machte sich Morel an die Arbeit. Schon bald legte er ein beeindruckendes Werk vor, in dem er das Innenleben des Kongo-Sklavenstaates akribisch recherchierte und sich dabei auf Dutzende von Quellen stützte. Die bedrängten Missionare im Kongo waren begeistert. „Plötzlich", schreibt Hochschild, „war da jemand, der nicht nur ihr Zeugnis veröffentlichen, sondern es auch dem britischen Parlament vorlegen wollte. Morel überhäufte die Missionare mit Bitten um weitere Informationen. Sie kamen dem gerne nach und schickten auch, was sich als mächtiges Werkzeug für Morels Kampagne herausstellte: Fotos – von verwüsteten Dörfern, abgetrennten Händen, Kindern mit fehlenden Händen und Füßen."[15] Diese Bilder schockierten und entsetzten Männer und Frauen in ganz Europa, und ein Aufschrei gegen Leopolds private Schreckensherrschaft begann. „Der Kongo war ein besonderes und außergewöhnliches Übel, das besondere Angriffsmittel erforderte", schrieb Morel. „Wenn das britische Volk wirklich aufgerüttelt werden könnte, könnte die Welt wachgerüttelt werden ... Großbritannien hatte diese Rolle schon einmal gespielt [in der Kampagne gegen die Sklaverei] ... Könnten wir ein Pochen in ihrem großen Herzen hervorrufen?"[16]

Sie konnten es. Sir Roger Casement, ein britischer Konsul, gab sich auf eine Rechercheреise und war entsetzt über die Vergewaltigung des Kongo. Morel, der eine Wochenzeitung herausgab und eine enorme

Menge an Material produzierte, mit dem er den zunehmend frustrierten und strauchelnden Leopold unerbittlich angriff, gründete die Die kongolesische Reformbewegung und erhielt die Unterstützung des Urenkels von William Wilberforce, um sich als Erbe und Nachfolger der abolitionistischen Bewegung zu positionieren. Und so wie die schrecklichen Bilder von gefolterten Afrikanern und überfüllten Sklavenschiffen, in denen es von verzweifelten und sterbenden Menschen nur so wimmelte, die Menschen in Großbritannien gegen den Sklavenhandel aufbrachten, so wiederholte sich die Geschichte, als Morel und Verbündete wie Alice Harris Seeley mit den anschaulichen Beweisen für Leopolds Grausamkeiten durch Europa zogen."

„Morel war ein Meister der Medien seiner Zeit", schreibt Hochschild, „und setzte die Fotografie besonders wirkungsvoll ein. Ein zentraler Bestandteil fast jeder Kongo-Protestveranstaltung war eine Diashow mit etwa 60 anschaulichen Fotos vom Leben unter Leopolds Herrschaft; ein halbes Dutzend davon zeigte verstümmelte Afrikaner oder ihre abgeschnittenen Hände. Die Bilder, die schließlich in Versammlungen und in der Presse von Millionen von Menschen gesehen wurden, lieferten Beweise, die keine Propaganda widerlegen konnte."[17]

In ganz Europa hielten die fotografischen Beweise die Fantasie der Menschen in Atem. In der Schweiz zum Beispiel „wurden die Männer blass und den Frauen standen die Tränen in den Augen, als Alice Harris' Bilder von verstümmelten Kindern gezeigt wurden".[18] Künstler fügten ihre eigene grafische Satire hinzu: Es wurden grausame Karikaturen veröffentlicht, die Leopold zeigten, wie er eine Mahlzeit aus abgetrennten afrikanischen Köpfen verspeiste, sein riesiger weißer Bart triefte vor Blut und seine klauenartigen Hände griffen nach den geschrumpften Köpfen der ermordeten Eingeborenen. In den Vereinigten Staaten zeigten Kongoreformer weitere Dias, wiederum mit „Fotos von Erwachsenen und Kindern mit abgetrennten Händen, von Zwangsarbeitern bei ihrer Arbeit als Träger, von einem verwüsteten Dorf".[19]

Morels Kampagnen und Alice Harris' Fotografien bewirkten laut Dr. Richard Benjamin vom internationalen Sklaverei-Museum in Liverpool einen „Umschwung in der öffentlichen Meinung".[20] Dieser Umschwung zwang Leopold 1908, sein privates Lehen an Belgien abzutreten, welches der Ansicht war, dass seine Kolonie zu einer internationalen Schande geworden war. Bei den Verhandlungen kassierte er von der belgischen Regierung Millionen von Francs und zog mit seiner Geliebten, einer ehemaligen Prostituierten, die fast 50 Jahre jünger war als er selbst, in eine der vielen Residenzen, die er mit dem Blutgeld des Kongo gebaut hatte. Historiker schätzen, dass während seiner Schreckensherrschaft fast zehn Millionen Afrikaner starben.

Zwar gab es im Kongo weiterhin Missstände - Morel bezeichnete Leopolds Abtretung des Kongo als „Teilsieg" -, doch das Außergewöhnliche an der Kongo-Reformbewegung ist, dass es einer unglaublichen Menschenrechtsbewegung in kaum einem Jahrzehnt gelang, Tausende Menschen auf zwei Kontinenten mit Hilfe anschaulicher Bilder und erschreckender Zeugenaussagen gegen die Ungerechtigkeit aufzubringen und einen Monarchen zu zwingen, seine Privatkolonie aufzugeben. Obwohl den Kongolesen die Selbstverwaltung verweigert wurde und sie immer noch, wenn auch in geringerem Maße, unter der Kolonialherrschaft litten, stellt Hochschild fest, dass „die Kongoreformer etwa ein Jahrzehnt lang spektakulär erfolgreich darin waren, das Gebiet im Rampenlicht zu halten".[21] Als versteckte Ungerechtigkeiten aufgedeckt wurden, gerieten diese Ungerechtigkeiten unter Beschuss.

Damit die Menschenrechte wiederhergestellt werden konnten, waren zwei Dinge notwendig: Menschen wie Edmund Morel und Alice Harris, die nicht aufgaben, sowie sichtbare Beweise für die Gräueltaten, die stattfanden und die nicht ignoriert werden konnten.

Der Nationale Ausschuss für Kinderarbeit (National Child Labor Committee)

Mit dem Beginn der industriellen Revolution begann sich die Gesellschaft radikal zu verändern - nicht nur in Europa, sondern auch in den Vereinigten Staaten. Mit der massenhaften Abwanderung der Menschen aus den ländlichen Gebieten in die Städte nutzten fast alle großen Industriezweige und Unternehmen die Vorteile billiger Arbeitskräfte, insbesondere von Kindern. Es stellte sich heraus, dass Kinder für lange Arbeitszeiten und niedrige Löhne eingesetzt werden konnten - solange man die Tatsache ignorierte, dass diese gefährliche Schufterei ihnen eine Ausbildung und eine Kindheit verwehrte und oft ihre Gesundheit in nur wenigen Jahren zerstörte. Kinder wurden bei Einstürzen in Kohlebergwerken zu Tode gequetscht, verloren Gliedmaßen und Leben durch Fabrikmaschinen ohne Sicherheitsmechanismen und atmeten Giftstoffe ein, die ihnen ein kurzes Leben bescherten. Alan Taylor beschrieb es wie folgt:

> Zu Beginn des 20. Jahrhunderts waren Arbeitskräfte in Amerika Mangelware, und Gesetze über die Beschäftigung von Kindern wurden nur selten angewandt, wenn sie überhaupt existierten. Während die Amerikaner zu dieser Zeit die Arbeit von Kindern auf Familienfarmen unterstützten, war man sich der anderen Formen der Arbeit, die von jungen Menschen verrichtet wurde, kaum bewusst. Im Jahr 1908 wurde der Fotograf Lewis Hine von dem neu gegründeten National Child Labor Committee (NCLC) beauftragt, Kinderarbeiter und ihre Arbeitsplätze im ganzen Land zu dokumentieren. Seine gut gemachten Porträts von jungen Bergarbeitern, Mühlenarbeitern, Baumwollpflückern, Zigarrenrollern, Zeitungsjungen, Pin-Boys, Austernschüttlern und Fabrikarbeitern gaben dem Problem ein Gesicht und wurden von Reformern genutzt, um das Bewusstsein für das Thema zu schärfen und Gesetze zum Schutz junger Arbeiter oder zum Verbot ihrer Beschäftigung voranzutreiben.[22]

Diese Kinder waren manchmal erst drei oder vier Jahre alt, und Hines Fotos hatten eine erschütternde Wirkung. Seine Fotos wurden in Berichten veröffentlicht, die Regierungsvertretern vorgelegt wurden, und gaben der Abscheulichkeit dieser Praktiken ein menschliches Gesicht. Es wurden Schautafeln mit Hines Arbeiten aufgestellt, damit die Passanten den wahren Preis der amerikanischen Industriegüter sehen konnten: das Blut der amerikanischen Kinder. Flugblätter und Broschüren wurden von Hand verteilt, um auf die Notlage der Kinder aufmerksam zu machen. Hine reiste oft über 80.000 Kilometer pro Jahr und sammelte aussagekräftige Bilder, die die Sichtweise der Öffentlichkeit auf die Kinderarbeit verändern sollten.

Infolge seiner Arbeit für das National Child Labor Committee war Hine oft in großer Gefahr. Er bezeichnete seine Fotografien als „Detektivarbeit", aber die Industrien, die er entlarvte, waren aus offensichtlichen Gründen unglücklich darüber, dass die in ihren Fabriken arbeitenden Kinder in Zeitungen und Magazinen auftauchten – oft zur Empörung der allgemeinen Bevölkerung. Hine riskierte Gewalt, indem er seine Beweise sammelte. Polizisten und Fabrikarbeiter drohten ihm sogar mit dem Tod, wenn sie Hine beim Fotografieren erwischten, und so verkleidete er sich als Inspektor, Mechaniker und einmal sogar als Bibelverkäufer, um Zugang zu den Arbeitsplätzen der Kinder zu erhalten.

Unter Historikern herrscht Einigkeit darüber, dass Hines Arbeit das soziale Bewusstsein Amerikas veränderte und den Weg für das Keating-Owens-Kinderarbeitsgesetz von 1916 ebnete, das ein Mindestalter von 16 Jahren für Minenarbeiter und 14 Jahren für Fabrikarbeiter festlegte und allen Kindern unter 16 Jahren die Nachtarbeit verbot. Der Nationale Ausschuss für Kinderarbeit musste jedoch Rückschläge hinnehmen, vor allem, weil mächtige Industriezweige und Unternehmen darauf drängten. Das Gesetz wurde für verfassungswidrig erklärt, und dauerhafte Schutzmaßnahmen wurden erst mit dem Fair Labor Standards Act von 1938 eingeführt.

Truant hängt während der Schulzeit in der Nähe von Booten im Hafen herum.

Boston, Massachusetts, 1909

Es ist wichtig, sich daran zu erinnern, dass Hines Arbeit heute zwar gefeiert wird, er aber während seiner Kampagne zur Abschaffung der Kinderarbeit fast ständig kritisiert wurde, und zwar zum Teil sehr heftig. Viele Leute beschwerten sich, dass seine Fotos drastisch und deprimierend seien. Hine reagierte in einer Rede auf diejenigen, die sich über die Verwendung erschreckender Fotos beschwerten: „Vielleicht haben Sie die Bilder von Kinderarbeit satt", sagte er dem Publikum. „Aber wir wollen Sie und das ganze Land durch diese Bilder so krank machen, dass, wenn die Zeit zum Handeln gekommen ist, die Bilder von Kinderarbeit der Vergangenheit angehören werden.

Interessanterweise war Lewis Hine nicht der erste Fotograf, der mit Hilfe von Bildern die Praktiken der Kinderarbeit und soziale Missstände aufzeigte - diese Ehre gebührt Jacob A. Riis, der 1890 sein bahnbrechendes Werk *„How the Other Half Lives" (Dt.: Wie die andere Hälfte lebt)* mit Fotografien illustrierte. Die Aussagekraft der Bilder, die Riis zur Illustration dieses Berichts verwendete, war nach Ansicht vieler Historiker beispiellos. In der Einleitung zu einer neueren Ausgabe von Riis' Buch wird die Wirkung seiner Arbeit folgendermaßen beschrieben:

> *How the Other Half Lives* ist eines jener ungewöhnlichen Bücher, die die Geschichte nachhaltig veränderten und das Leben von Millionen von Menschen direkt beeinflussten. Jacob Riis schrieb es zu keinem anderen Zweck, als auf die entsetzlichen Lebensbedingungen der Armen in New York City aufmerksam zu machen und auf Reformen zu drängen. Es hatte eine unmittelbare Wirkung, wurde in zahlreichen Auflagen verkauft, in der Presse gefeiert und von der Kanzel gepredigt, und die darin empfohlenen Reformen wurden weitgehend umgesetzt, wenn auch nur schrittweise.[23]

Von der Abolition-Bewegung bis zur Kongo Reformbewegung, von Jacob Riis bis Lewis Hine wurden aussagekräftige Bilder als Mittel zur Beeinflussung des sozialen Wandels zum zentralen Element der sozialen Reformbewegungen.

Die Bürgerrechtsbewegung

Auch die Bürgerrechtsbewegung wurde von Bildern der Ungerechtigkeit angetrieben – tatsächlich waren es Fotos eines einzigen Mordes, die als Katalysator für diese Bewegung dienten. Wie Dr. Clenora Hudson-Weems 1988 in ihrer Dissertation *„Emmett Louis Till: The Impetus for the Modern Civil Rights Movement"* beschrieben und in ihrem 1994 erschienenen Buch *„Emmett Till: The Sacrificial Lamb of the Civil Rights Movement"* (Dt.: Emmett Till: Das Opferlamm der Bürgerrechtsbewegung) ausführte, dass der grausame Mord an einem 14-jährigen Jungen im Jahr 1955 der Auslöser für den rasanten Fortschritt der Bürgerrechtsbewegung im darauffolgenden Jahrzehnt war.

Zwar hatte die aufkeimende Bürgerrechtsbewegung 1955 einige Siege errungen – der bekannteste war die Entscheidung *Brown vs. Board of Education* im Jahr zuvor –, doch war die Rassentrennung, die durch bösartigen Rassismus genährt wurde, im gesamten amerikanischen Süden noch immer die Norm. Lynchmorde waren keine Seltenheit, und weiße Täter wurden von Südstaatengerichten fast nie für die Ermordung schwarzer Amerikaner verurteilt. Afroamerikaner waren im Grunde Bürger zweiter Klasse, mit getrennter und unterdurchschnittlicher Bildung und nahezu ungestraft Diskriminierungen aller Art ausgesetzt. Das Wahlrecht wahrzunehmen war für viele unmöglich. Die Unterwerfung war eine Lebensweise.

Es war diese Welt, in die Emmett Till eintrat, als er den Zug von Chicago, wo er mit seiner Mutter Mamie lebte, nahm, um seine Cousins in Money, Mississippi, zu besuchen. Seine Mutter warnte ihn, dass die Dinge im Süden anders gehandhabt würden – Respekt vor den Weißen, so sagte sie ihm, sei wichtig für seine Sicherheit. Emmett hat vielleicht nicht ganz verstanden, wie ernst ihre Worte gemeint waren. Angestachelt von seinen Cousins, die ihm nicht glaubten, was er ihnen über die Sitten im Norden erzählte, pfiff er in einem kleinen Lebensmittelladen eine weiße Frau an. Ein paar Tage später entführten der Ehemann der Frau, Roy Bryant, und sein Halbbruder J.W. Milam Emmett mitten in der

Nacht aus dem Haus seines Großonkels. Irgendwann in den frühen Morgenstunden des 28. August 1955 starb Emmett Till, nachdem die Männer ihn brutal verprügelt, verstümmelt und ihm schließlich in den Kopf geschossen hatten. Sie wickelten ihm Stacheldraht um den Hals, banden seine Leiche an eine Baumwoll-Entkörnungsmaschine und versenkten ihn im Tallahatchie River. Ein kleiner Junge fand die Leiche ein paar Tage später beim Angeln.

Die Entdeckung von Tills Leiche stellte die Behörden von Mississippi vor ein Problem: Emmett war ein Junge aus dem Norden, kein Junge aus dem Süden. Die Rassentrennung und andere Maßnahmen zur Unterdrückung der Rassen wurden im Norden im Allgemeinen ignoriert, auch wenn viele diese Praktiken verwerflich fanden. Die brutal verstümmelte Leiche eines ermordeten Jungen nach Chicago zu schicken, könnte schlechte Presse nach sich ziehen, und das wollten die Behörden um jeden Preis vermeiden. Nachdem er Emmetts Großonkel dazu gebracht hatte, die Leiche zu identifizieren, rief Sheriff H.C. Strider seine Lösung des Problems aus: „Bringt die Leiche sofort unter die Erde".[24]

Mamie Till holte sich Unterstützung, damit ihr Sohn zu ihr zurückgebracht wurde. Die Beerdigung in Mississippi war schon fast im Gange, als der Befehl kam, Emmetts Leiche zurück nach Chicago zu schicken, und die Behörden in Mississippi hatten einen zweiten Plan: Sie ließen sich versprechen, dass der Sarg geschlossen bleiben würde, nagelten ihn dann zu und brachten das Siegel des Staates Mississippi an, um sicherzustellen, dass die Versprechen eingehalten wurden. Wie Mamie Till Jahre später schrieb: „Jemand im Staat Mississippi wollte sicherstellen, dass wir nicht sehen, was in der Kiste war".[25]

Als der Sarg in Chicago eintraf, traf Mamie Till eine schicksalhafte Entscheidung: Der Sarg sollte geöffnet werden. Ihre Freunde und Berater protestierten gegen ihre Entscheidung, und sie erklärte ihnen, wenn sie nicht bereit seien, ihr zu helfen, würde sie einen Hammer holen und ihn selbst öffnen. Als der Deckel angehoben wurde, sah sie, was mit ihrem Sohn geschehen war: Ein Augapfel lag teilweise auf seiner Wange, während der andere ganz fehlte. Seine Nase sah aus, als wäre sie mit einem Hackbeil aufgeschlitzt worden, und sein Hinterkopf war aufgeschlitzt wie von einem Beilschlag. Ein Loch in der Seite seines Kopfes zeichnete die Stelle, an der sie ihn schließlich erschossen hatten.

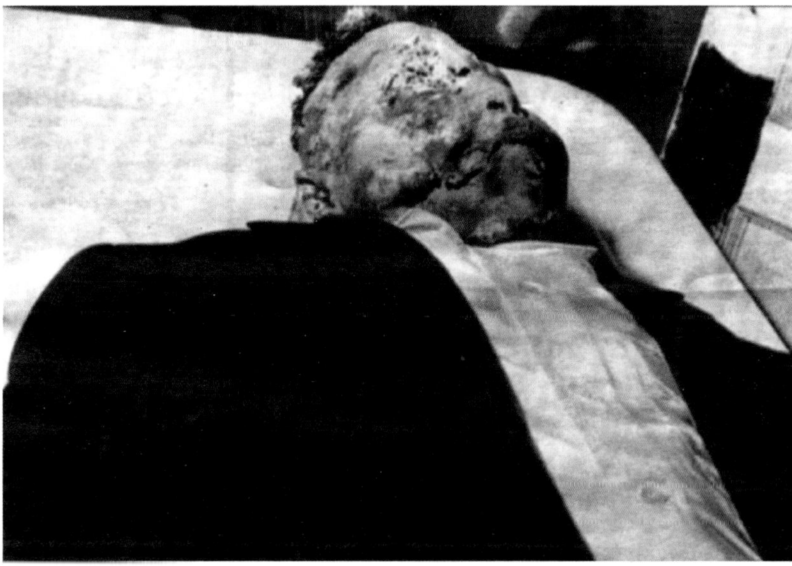

Emmett Tills Leiche bei seiner Beerdigung im offenen Sarg.

Chicago, 1955

Die erschütterte Mamie Till entschied sich für eine Beerdigung im offenen Sarg und lehnte das Angebot des Bestatters ab, Emmett ansehnlicher zu machen. „Die Welt soll sehen, was ich gesehen habe", sagte sie. In den darauffolgenden Tagen strömten bis zu 100.000 Menschen an dem gläsernen Sarg vorbei und reagierten schockiert und entsetzt über das Ausmaß des Verbrechens. Wie Mamie in ihren Memoiren schrieb, reichte es nicht mehr aus, es den Menschen *zu sagen* – Worte allein konnten dieses Übel nicht beschreiben:

> Es wäre wichtig, dass die Menschen sich vor Augen führen, was in einer späten Nacht in Mississippi geschah, als niemand hinsah, und sich überlegen, was passieren könnte, wenn wir nicht aufpassen. Dies wäre nicht wie so viele andere Lynchmorde, die Hunderte, die Tausende von Fällen, in denen die Familien gezwungen waren, wegzugehen und ihre Toten, ihren Kummer und ihre Demütigung still zu begraben. Ich wollte nicht stillschweigend gehen ... Sie würden nicht in der Lage sein, sich vorzustellen, was geschehen war, wenn sie nicht die Ergebnisse des Geschehenen sehen dürften.
>
> Sie mussten sehen, was ich gesehen hatte. Die ganze Nation musste davon Zeugnis ablegen. Also wollte ich es so greifbar und sichtbar für die Menschen machen, wie ich es nur konnte. Ich wusste, wenn sie an dem Sarg vorbeigehen, wenn die Leute die Seiten des Magazins Jet und des *Chicago Defender* aufschlagen [die Fotos von Emmets Leiche veröffentlichten], wenn andere Menschen es mit eigenen Augen sehen können, dann könnten wir gemeinsam einen Weg finden, das auszudrücken, was wir gesehen haben. Ich dachte, es sei wichtig, das zu tun, um den Menschen zu helfen, die schrecklichen Probleme zu erkennen, denen wir im Süden gegenüberstanden.[26]

Obwohl ein weißes Geschworenengericht Bryant und Milam vom Vorwurf des Mordes freisprach – sie verkauften ihre Geschichte an die Zeitschrift *Look* und gaben den Mord kurz darauf zu –, löste Tills Beerdigung in Verbindung mit den Fotos seiner Leiche und den Beschreibungen seiner brutalen Behandlung in der Presse das aus, was als Bürgerrechtsbewegung in die Geschichte eingehen sollte.

Kaum vier Monate später, am 1. Dezember 1955, weigerte sich Rosa Parks, ihren Sitzplatz im Bus aufzugeben – ein Akt des Trotzes, der zu den Montgomery-Busboykotten führen sollte, einer der ersten großen Kampagnen für zivilen Ungehorsam. Diese Kampagne führte zu den Freedom Rides, dem Marsch auf Washington 1963 und schließlich zum Civil Rights Act von 1964. Auf die Frage, warum sie an diesem Tag ihre schicksalhafte Entscheidung traf, antwortete Rosa Parks, es sei der brutale Mord an einem unschuldigen Jungen gewesen. „Ich dachte an Emmett Till", sagte sie. „Und als der Busfahrer mir befahl, nach hinten zu gehen, konnte ich mich einfach nicht bewegen."[27]

Während die Fotos von Emmett Till den Auslöser für die Bewegung bildeten, trieben andere Fotos die Bewegung voran. Richard Speed führte dies in seiner Rezension von Mark Kurlanskys Buch: *1968, The Year that Rocked the World* (dt.: *1968, das Jahr, das die Welt veränderte,* Kiepenheuer und Witsch Köln 2005) aus:

> Zu Beginn des Buches stellt Kurlansky eine bedeutungsschwangere Frage: „Wie ein unbemerkter Baum, der im Wald fällt, wenn es einen Protestmarsch oder ein Sit-in gibt und die Presse nicht darüber berichtet, ist es dann passiert? Die Bürgerrechtler waren sich einig, dass dies nicht der Fall war. Bei der Erörterung der Auswirkungen von zivilem Ungehorsam erzählt Kurlansky einen aufschlussreichen Vorfall, der sich 1965 während eines Protestmarsches in Selma, Alabama, ereignete. Martin Luther King bemerkte offenbar, dass der Fotograf des Life Magazine, Flip Schulke, seine Kamera weggelegt hatte, um einem von der Polizei verletzten Demonstranten zu helfen. Laut Kurlansky wies King Schulke daraufhin zurecht: „Deine Aufgabe ist es, zu fotografieren, was mit uns passiert." Offensichtlich war es im Zeitalter des Fernsehens und der Massenpolitik wichtiger, ein Foto zu machen, als den Verletzten zu helfen. Dieser Vorfall kann als Schlüssel zum Verständnis vieler politischer Ereignisse des Jahres 1968 gesehen werden, von den Eskapaden von Jerry Rubin und Abbie Hoffman bis hin zu den Demonstranten auf dem Parteitag der Demokraten, die skandierten: „Die ganze Welt schaut zu", als die Polizei mit schwingenden Schlagstöcken auf sie zuging. Die Bürgerrechtsbewegung, so Kurlansky, lehrte die neue Generation, wie sie ihre Unzufriedenheit in die Welt tragen konnte: indem sie die Lust des Fernsehens an Gewaltszenen ausnutzte.[28]

Leigh Raiford, außerordentlicher Professor für afroamerikanische Studien an der Universität von Kalifornien, hat dies in einem Aufsatz mit dem Titel „How Photography Shifted the Balance of the Civil Rights Movement" (Wie die Fotografie das Gleichgewicht der Bürgerrechtsbewegung verschob) weiter ausgeführt:

> Fast zwei Wochen lang, Anfang Mai 1963, sahen die Menschen im In- und Ausland jeden Morgen Bilder von Gewalt, Konfrontation und Widerstand auf den Titelseiten der großen Zeitungen. Schwarz-weiß Fotos, die täglich in der New York Times und der Washington Post zu sehen waren, zeigten weiße Polizisten in Birmingham, Alabama, die mit Hochdruck-Feuerlöschschläuchen sprühten und Polizeihunde auf gewaltlose schwarze und oft sehr junge Demonstranten losließen. Das von der Southern Christian Leadership Conference (SCLC) organisierte „Project C" (für „Confrontation") rückte den öffentlich nicht zugegebenen Terror, die Gewalt und die alltäglichen Ungerechtigkeiten, unter denen Afroamerikaner seit langem durch die weißen Südstaatler zu leiden hatten, in den Mittelpunkt. Durch die erzwungene Konfrontation zwischen Schwarzen und Weißen, zwischen verfassungsmäßigem Recht und Rassentrennungspraxis, zwischen dem vornehmen, fortschrittlichen Bild des Neuen Südens und der entmenschlichenden Realität des Alten Südens konfrontierten die Tausenden von Männern, Frauen und Kindern, die am Projekt C teilnahmen, eine zuschauende Welt mit den Widersprüchen der zeitgenössischen Rassenbeziehungen im Süden. Sie stellten auf anschauliche Weise ein ganzes wirtschaftliches und soziales Machtgefüge in Frage.

Ein Jahr später erkannte der Leiter der SCLC, Dr. Martin Luther King jr., die Bedeutung solch eindringlicher Bilder, um die Unterstützung für das Bürgerrechtsgesetz von 1964 zu gewinnen. King schrieb über die Kampagne in seinem Buch *Why We Can't Wait* (dt.: *Warum wir nicht warten können*, Union-Verl. Berlin 2. Aufl. 1967): „Die Brutalität, mit der die Behörden das schwarze Individuum unterdrückt hätten, wurde ohnmächtig, als sie nicht mehr heimlich und unbeobachtet fortgesetzt werden konnte. Sie wurde gefangen – wie ein Flüchtling aus einem Gefängnis oft gefangen wird – in gigantischen, kreisenden Scheinwerfern. Sie war gefangen in einem grellen Licht, das der ganzen Welt die nackte Wahrheit zeigte." Für King erwiesen sich die visuellen Medien als entscheidende Komponente, um die „flüchtige" Brutalität einzufangen, sie für die Untersuchung festzuhalten und diese „nackte Wahrheit" dem beobachtenden und urteilenden Publikum zu vermitteln.

King lobt die Fotografie und den Film für ihre Enthüllungsarbeit, die durch die mechanische Reproduktion Tatsachen ans Licht bringt, die bisher verborgen blieben und daher schwer zu beweisen waren. Als King sein Buch *Why We Can't Wait* schrieb, hatte er bereits Fotos von spektakulären und alltäglichen Ereignissen der Bewegung gesehen, eingesetzt und selbst fotografiert. Er glaubte fest an ihre Kraft, Afroamerikaner als US-Bürger zu zeigen, die wie ihre weißen Mitbürger Gleichbehandlung verdienten. Die Bilder des zerschmetterten Körpers von Emmett Till, der Misshandlung von vier afroamerikanischen Studenten der North Carolina A&T in einem Greensboro Woolworth's-Lunch Counter durch Weiße, der Baseballschläger und Brandbomben, mit denen die Freedom Riders auf den Busbahnhöfen in Mississippi und Alabama begrüßt wurden, zeigen, wie schutzlos die Afroamerikaner waren, wenn sie für die elementarsten und grundlegendsten Rechte demonstrierten. Sie machten dem nicht-schwarzen Publikum klar, was die Afroamerikaner der Jim-Crow-Ära schon lange wussten, sahen und erlebten. Mit ausreichend hellen Lichtern und einer Armee von Kameras, die in die richtige Richtung gerichtet waren, trugen die Bilder entscheidend dazu bei, die öffentliche Meinung über die gewaltsame Verankerung der weißen Vorherrschaft im Süden und die Überdeterminierung des Lebens und der Möglichkeiten der Schwarzen durch dieses System zu verändern. Das Visuelle erwies sich als ebenso wirksames Mittel wie Busboykotte und als ebenso rechtschaffen wie Gewaltlosigkeit.[29]

Wie bei den Übeln des Sklavenhandels, den Gräueltaten in Leopolds Kongo und der Kinderarbeit waren es wieder einmal die Bilder, die die öffentliche Meinung und die Gesellschaft verändern konnten.

„The Terror of War" (dt.: Der Schrecken des Krieges), ein Foto, das Phan Thị Kim Phúc zeigt, wie sie eine Straße in der Nähe von Trảng Bàng, Vietnam, entlang rennt, nachdem eine Napalm-Bombe von einem Flugzeug der südvietnamesischen Luftwaffe auf eine Gruppe südvietnamesischer Soldaten und Zivilisten abgeworfen wurde.

Trảng Bàng, Vietnam, 1972

Sehen heißt verstehen

Jeder, der mit der jüngeren Geschichte vertraut ist, wird immer wieder mit einer einfachen Wahrheit konfrontiert: Aussagekräftige Fotografien haben die öffentliche Meinung gewandelt und damit den Lauf der Geschichte verändert. Es waren verstörende Fotos wie das Bild des nackten und napalmierten neunjährigen Mädchens Kim Phúc, das 1972 aus seinem Dorf floh, die Amerikas Glauben an den Vietnamkrieg erschütterten – und es war ein früherer Fotoessay mit dem Titel „The

Children of Vietnam", der Martin Luther King jr. dazu brachte, sich gegen den Krieg auszusprechen. Angeblich hatte das Kriegsministerium mehr Angst vor den Fotografen als vor dem Vietcong.

Fotos aus Kriegsgebieten, von Naturkatastrophen heimgesuchten Orten und Bilder von skelettierten Hungeropfern haben oft zu einer Welle der öffentlichen Unterstützung für die Opfer geführt. Aus diesem Grund werden Fotografen in Kriegsgebieten oder in Ländern, in denen diejenigen herrschen, die nicht wollen, dass ihre Taten gesehen werden, so oft ins Visier genommen, und Nichtregierungsorganisationen nutzen Fotos, um auf die Bedürfnisse der Leidenden in der ganzen Welt hinzuweisen.

Amnesty International beispielsweise verwendet in ihren Sensibilisierungskampagnen brutale Bilder von Opfern aus aller Welt und hängt einige davon sogar an Bushaltestellen auf. Das Bild eines ertrunkenen kleinen Jungen erregte 2015 weltweit Aufmerksamkeit für die syrische Flüchtlingskrise, als seine Leiche an einem türkischen Strand angespült wurde, nachdem sein Boot überflutet worden war. Die Beispiele sind zahllos und bezeichnend: Jeder ist sich instinktiv der enormen Macht von Fotos bewusst. Fotografien wurden von sozialen Reformern eingesetzt, um Ungerechtigkeit zu beenden, und Fotografien haben politische Schicksale verändert und das soziale Bewusstsein ganzer Gesellschaften verändert.

Selbst Interessengruppen haben längst erkannt, dass aussagekräftige Bilder das Verhalten der Menschen verändern können. Öffentliche Kampagnen zur Verhinderung von Alkohol am Steuer, Drogenkonsum, Ablenkung beim Fahren und Rauchen sind sehr erfolgreich - sogar die meisten High Schools verwenden plastische Bilder, um ihre Schüler von gefährlichen Verhaltensweisen abzubringen.[a] Wenn man die Art und

---

[a] Der Addictive Behaviors Report veröffentlichte Forschungsergebnisse des Georgetown University Medical Center in Washington DC, die darauf hinweisen, dass anschauliche Bilder auf Zigarettenpackungen „Aktivitäten in Gehirnbereichen auslösen, die an Emotionen, Entscheidungsfindung und Gedächtnis beteiligt sind". (sfl.onl/3j0d2)

Weise ändert, wie jemand etwas sieht, kann man oft auch sein Verhalten ändern.

Auf den Spuren der Giganten

Die Geschichte großer Männer und Frauen, die jahrzehntelang gegen die Ungerechtigkeiten in ihrer Gesellschaft gekämpft haben, sollte für Lebensrechtler ermutigend sein, die versuchen, Abtreibung als das zu entlarven, was sie ist, und eine Kultur des Lebens zu schaffen. Rückschläge sind zu erwarten, aber wenn wir unter Gebet die bewährten Strategien jener Aktivisten anwenden, die uns vorausgegangen sind, können Gewissen wieder orientiert werden - und, was am wichtigsten ist: Es können Leben gerettet werden.

Oft gibt es direkte Verbindungen zwischen diesen Bewegungen der Vergangenheit und der heutigen Lebensrechtsbewegung. So wie der Urenkel von William Wilberforce die Kongo-Reformbewegung unterstützte, hat Wilberforces Ururenkel öffentlich erklärt, dass sein Vorfahre, der die Abschaffung der Sklaverei propagierte, heute gegen die Abtreibung kämpfen würde, wenn er noch lebte. Als ich Reverend Gerard Wilberforce telefonisch in seinem Haus in England erreichte, erklärte er mir, warum:

> Es gibt erstaunliche Parallelen. Eine wäre, dass das ungeborene Kind nicht als Person betrachtet wird. Das Gleiche [galt] auch für den Sklaven - der Sklave wurde, weil er schwarz war, nicht als wirkliche Person betrachtet. Und sie haben den Sklaven nicht gesehen. Der Sklave war jemand auf den Plantagen oder auf den transatlantischen Sklavenrouten. Der normale Mensch, vor allem in Großbritannien und später in den USA, hatte noch nie so jemanden gesehen, mit dem er sich identifizieren konnte. Man dachte nicht wirklich, dass ein Schwarzer richtiges Englisch sprechen oder auch andere Sprachen lernen könnte. Sie betrachteten ihn nicht als eine Person. Weil wir den Fötus nicht sehen, weil er sich im Mutterleib befindet, betrachten wir ihn immer noch nicht als echte Person. Der Vorwurf der

> Kindstötung wird erst erhoben, wenn das Kind geboren ist. Viele Menschen sagen daher: „Ich werde nur etwas Unerwünschtes los, etwas, das ein Ärgernis, eine Belastung ist und Ansprüche an mich stellen wird. Es gibt alle möglichen Parallelen. Als ich mir das ansah, war ich erstaunt über die vielen Parallelen zwischen dem ungeborenen Kind und dem Sklaven. Man könnte durchaus sagen, dass in der heutigen Gesellschaft so viele Menschen abgetrieben werden und auch so viele Sklaven umgebracht wurden – da gibt es starke Parallelen.

Das Gleiche gilt für die Pro-Life-Vorkämpferin Dr. Alveda King, die Nichte von Dr. Martin Luther King jr., und die Tochter des Bürgerrechtsführers Rev. A.D. King, der 1963 zusammen mit seinem Bruder bei einem Sitzstreik an einem Imbissstand in Alabama verhaftet wurde, bevor sein Haus später im selben Jahr von einer Bombe zerstört wurde. Wie sein Bruder trat auch A.D. King für Gewaltlosigkeit ein – nur drei Monate, nachdem sein eigenes Haus bombardiert worden war, beruhigte A.D. King einen wütenden Mob, der den Bombenanschlag auf einen anderen Bürgerrechtler in Birmingham rächen wollte, indem er sich auf ein Auto stellte und brüllte: „Meine Freunde, wir haben heute Abend genug Probleme gehabt. Wenn ihr jemanden töten wollt, dann tötet mich ... Setzt euch für eure Rechte ein, aber mit Gewaltlosigkeit!"

Seine Tochter sieht die Lebensrechtsbewegung als logischen Nachfolger der Bürgerrechtsbewegung, die sich ebenfalls für die Wiederherstellung von Rechten einsetzt, die zu Unrecht entzogen wurden. Alveda Kings Mutter erzählte ihr auch, dass sie eine Abtreibung geplant hatte, bevor Martin Luther King Sr. davon Wind bekam und sie davon abbrachte: „Martin Luther King jr. sagte, dass Ungerechtigkeit überall eine Bedrohung für die Gerechtigkeit ist", erzählte sie mir in einem Interview. „In seinem 'Brief aus dem Birmingham-Gefängnis' warnte er die Menschen davor, wie die Römer zu sein, die Kindermord betrieben. Planned Parenthood versuchte 1966, Martin Luther King jr. den Margaret-Sanger-Preis zu verleihen, aber er nahm nicht an der Zeremonie teil, er schrieb oder hielt auch keine Rede. Seine Frau unterstützte die Pro-Choice-Bewegung, ähnlich wie Laura Bush oder Barbara Bush. Die

Präsidenten selbst waren Lebensrechtler, und das ist auch bei Dr. Martin Luther King jr. der Fall."

Dr. Alveda King ist der Meinung, dass die Lebensrechtsbewegung die Fotografie von Abtreibungsopfern ebenso nutzen muss wie die Bürgerrechtsbewegung vor ihr. „Mein Onkel Martin Luther King jr. sagte, dass Amerika den Rassismus nicht ablehnen wird, bis Amerika den Rassismus sieht", bemerkte sie, „und ich sage Ihnen heute, dass Amerika Abtreibung nicht ablehnen wird, bis Amerika Abtreibung sieht."[30] Alveda erkannte, dass Amerika in den 1960-er und frühen 1970-er Jahren einfach eine große Ungerechtigkeit gegen eine andere austauschte. Während die Straßenreinigung das Blut der Bürgerrechtsdemonstranten von den Straßen wusch, begannen die Müllmänner, Müllsäcke voller zerstückelter amerikanischer Babys auf ihre Lastwagen zu hieven. Diese Opfer waren viel weniger sichtbar – und deshalb führt Dr. Alveda King das Erbe ihrer Familie fort, indem sie sich für die vergessenen Kinder einsetzt.

Wir müssen uns ihr anschließen.

Kapitel 2

Die Pro-Choice-Bewegung hat Angst vor Fotos von Abtreibungsopfern

Abtreibung ist das einzige Ereignis, das moderne Liberale für zu gewalttätig und obszön halten, um es im Fernsehen zu zeigen. Das liegt nicht daran, dass sie zimperlich oder prüde wären. Es liegt daran, dass, wenn die Menschen wüssten, wie Abtreibung wirklich aussieht, dies ihre Annahme zerstören würde, dass es eine zivilisierte Antwort auf das Problem ist, was mit ungewollten Babys geschehen soll.

Peter Hitchens

Bei der Betrachtung der Wirksamkeit von Fotos von Abtreibungsopfern ist es auch wichtig zu berücksichtigen, was unsere politischen *Gegner* – Abtreibungsbefürworter und Mitarbeiter der Abtreibungsindustrie – über diese Taktik sagen. Wenn Lebensrechtler wirksam sind, erschweren wir schließlich die Arbeit der Abtreibungslobbyisten und berauben die Abtreibungsindustrie ihrer Kunden und Einnahmen. Wenn Lebensrechtler ihre Arbeit machen, stellt unsere Überzeugungskraft eine Bedrohung für die legale Abtreibung dar.

Es ist interessant festzustellen, dass einige Lebensrechtler zwar zimperlich oder zögerlich sind, wenn es um die Nutzung dieser schlagkräftigen Beweise geht, Abtreibungsbefürworter die Fotografie von Abtreibungsopfern jedoch als enorme Belastung für ihre Bewegung und ihre Branche betrachten. Wie die Pro-Choice-Kolumnistin Anne Roiphe

1996 während der amerikanischen Debatte über die Teilgeburtsabtreibung schrieb: „Die Lebensrechtler werden wieder schreckliche Bilder von der Technik zeigen, die sie Teilgeburtsabtreibung nennen. Obwohl nur wenige in der Abtreibungsrechtsbewegung diesen Ansatz ernst nehmen, hat er emotionale Resonanz und untergräbt die öffentliche Unterstützung für jegliche Abtreibung."[31]

Lebensrechtler sind sich vielleicht uneins darüber, ob die Fotografie von Abtreibungsopfern wirksam ist. Abtreibungsbefürworter sind es nicht.

Für diejenigen, die dafür kämpfen, dass Abtreibung legal bleibt, ist es essenziell, dass die Öffentlichkeit Abtreibung als rein medizinische Versorgung, als Ausübung „reproduktiver Rechte" oder als bloße „Wahl" betrachtet und nicht als gewaltsame Zerstörung und Entfernung eines sich im Mutterleib entwickelnden Menschen. Wenn es eine Sache gibt, über die Abtreibungsaktivisten nicht diskutieren wollen und von der sie nicht wollen, dass die Menschen sie kennen, dann sind es die schrecklichen Details dessen, was tatsächlich während des Abtreibungsvorgangs geschieht - denn wenn darüber gesprochen wird, verlagert sich die Debatte grundlegend von der Idee der *„Wahl"* - die von vielen Menschen unterstützt wird - zu dem, *was gewählt wird.*

Lügen und Zensur

Abtreibungsaktivisten versuchen seit Jahrzehnten, diese Diskussion zu vermeiden, und ihre strategische Entscheidung, die Debatte als eine Frage der persönlichen Entscheidung darzustellen, ist schlicht und einfach eine der brillantesten Marketingtaktiken der jüngeren Geschichte. Aber durch die Verwendung von Fotos von Abtreibungsopfern sehen sich Abtreibungsaktivisten in eine Diskussion gedrängt, *die sie nicht führen wollen* - und genau das ist der Grund für ihre wichtigste Reaktion: Zensur. Abtreibungsaktivisten wollen um jeden Preis verhindern, dass die fotografischen Beweise für die Barbarei der Abtreibung ans Licht kommen, und sie werden alles daransetzen, dass die Menschen solche Beweise nicht sehen.

Denken Sie zum Beispiel daran, was mit dem Undercover-Journalisten David Daleiden vom Center for Medical Progress geschah, nachdem er begann, seine Videos von Gesprächen mit Abtreibern und brutale Aufnahmen von fötalen Tötungsworkshops auf großen Abtreibungskonferenzen zu veröffentlichen: Die Branche unternahm große Anstrengungen, um zu verhindern, dass die grausamen Beweise dafür, was wirklich in den Kliniken von Planned Parenthood vor sich ging oder wenn Abtreiber sich trafen, um über ihre Arbeit zu sprechen, an die Öffentlichkeit gelangten. Klagen, einstweilige Verfügungen - was auch immer sie Daleiden anlasten konnten, sie taten es. FOX News berichtete über den Grund dafür, nachdem sie Fotos von winzigen zerstückelten Menschen im nationalen Fernsehen ausgestrahlt hatten: Es war der „anschauliche Beweis" der „selbst eingefleischte" Abtreibungsbefürworter schockierte.[32] Ein Reporter von The Daily Beast schrieb sogar eine Kolumne mit dem Titel „Ich weiß nicht, ob ich noch für Abtreibung bin, nachdem ich die Videos von Planned Parenthood [gesehen] habe."[33]

Ein einfacher Blick auf die Reaktion von Abtreibungsaktivisten auf öffentliche Ausstellungen von Fotos von Abtreibungsopfern sagt uns alles, was wir wissen müssen. In der Regel wird die Wahrheit buchstäblich vertuscht. Auf Universitätsgeländen und sogar auf der Straße verwenden wütende Fanatiker riesige Bettlaken, riesige Plakate oder sogar ihre eigenen Körper, um Studenten und Passanten daran zu hindern, die Wahrheit über Abtreibung zu sehen. Sie wissen, dass diese Bilder die Art und Weise, wie Menschen Abtreibung *sehen*, effektiv verändern können, und genau deshalb scheuen sie keine Mühen, um zu verhindern, dass Menschen diese Bilder sehen. Im politischen Bereich versuchen Abtreibungsbefürworter oft, die öffentliche Ausstellung oder die Haustürverteilung von FAO (Fotos von Abtreibungsopfern) zu verbieten, um sicherzustellen, dass die Wahrheit verborgen bleibt.[b]

---

[b] Die größte Opposition, mit der sich CCBR konfrontiert sieht, sind Versuche von Gemeinden, Verordnungen zu verabschieden, die die Bereitstellung und Auslage von FAO einschränken. Da ihnen die Argumente fehlen, entscheiden sich Abtreibungsbefürworter stattdessen für Zensur.

Die andere Taktik, die viele Abtreibungsaktivisten anwenden, ist die glatte Täuschung, indem sie wütend behaupten, die von Lebensrechtlern verwendeten Fotos seien „gefälscht" oder „manipuliert", eine faule Beschuldigung, die in den Medien dennoch enormen Anklang findet. Für diejenigen, die die Lebensrechtsbewegung unbedingt diskreditieren wollen, sind Lügen oft die letzte Verteidigungslinie. Abtreibungsbefürworter müssen die Menschen davon überzeugen, dass die grausamen Fotos gefälscht sind, damit sie die Illusion bewahren können, dass Abtreibung lediglich „Gesundheitsfürsorge" ist. Pro-Life-Aktivisten reagieren auf diese Anschuldigung in der Regel mit einer einfachen Frage: „Stellen Sie sich das letzte Ultraschallbild vor, das Sie gesehen haben. Was meinen *Sie*, wie würde dieses Baby wohl aussehen, nachdem der Abtreiber mit ihm fertig ist?"

Selbst Abtreibungsaktivisten haben jedoch zugegeben, dass diese Verleumdungen Lügen sind. In einem im *The New Statesman* veröffentlichten Essay mit dem Titel „Our Bodies, Our Souls" (dt.: „Unsere Körper, unsere Seelen") verzichtet die prominente Feministin Naomi Wolf unverblümt auf den Deckmantel der Abtreibungsbefürwortung: „Während Bilder von gewaltsamem Tod von Föten für Lebensrechtler als politische Polemik hervorragend funktionieren, sind diese Bilder an sich nicht polemisch: Sie sind biologische Fakten. Das wissen wir." Später geht Wolf noch weiter und wirft ihren Mitaktivisten vor: „Wie können wir es als abscheulich und widerwärtig bezeichnen, wenn Lebensrechtler abscheuliche und widerwärtige Bilder verwenden, wenn diese Bilder echt sind? Zu behaupten, die Wahrheit sei geschmacklos, ist der Gipfel der Heuchelei."[34]

Diese Heuchelei, so Wolf in einem weiteren Essay im *George Magazine*, hat ihrer Bewegung sehr geschadet – so sehr, dass das „Fundament in den Abtreibungskriegen ins Wanken geraten ist". Tatsächlich schreibt sie: „Die brutalen Bilder und das Eingeständnis von prominenten Abtreibungsbefürwortern, dass sie nicht ehrlich darüber gesprochen hatten, wie routinemäßig der Eingriff durchgeführt wurde, veranlassten das Pro-Choice-Publikum, seine Position zu überdenken."[35] Die grundlegende Unehrlichkeit der Abtreibungsindustrie und ihrer Lobbyisten hat die Wirkung der Opferfotografie noch verstärkt. Wenn die Vertuschung scheitert, verliert die Abtreibungsindustrie.

Die Beweise, die Abtreibungsaktivisten Ihnen vorenthalten wollen

Abtreibungsaktivisten sind jedoch nicht geneigt, Wolfs Rat zu befolgen, da FAO *tatsächlich* „hervorragend als politische Polemik für Lebensrechtler" *funktioniert*. In einer Kolumne in der *Los Angeles Times* aus dem Jahr 2008, in der erklärt wurde, warum Abtreibungsaktivisten so viel an Boden verloren, schrieben Frances Kissling von „Katholiken für eine freie Wahl" und Kate Michelman von NARAL Pro-Choice America, dass fotografische Beweise für die Gewalt, die Abtreibung dem ungeborenen Kind zufügt, ihrer Bewegung schwer zusetzten. „Wahlbefürworter", gaben sie zu, „haben es schwer, mit der zunehmenden Sichtbarkeit des Fötus umzugehen." Außerdem merkten sie an: „In den letzten Jahren hat die Anti-Abtreibungsbewegung erfolgreich die wesentlichen Details der Abtreibung öffentlich zur Schau gestellt und damit den Glauben verstärkt, dass Abtreibung eine ernste Angelegenheit ist und dass ein gewisses gesellschaftliches Engagement angemessen ist."[36] Mit anderen Worten: Wenn Menschen Abtreibung tatsächlich *sehen*, sind sie weniger geneigt, sie zu unterstutzen, und *eher* geneigt zu glauben, dass eine Gesetzgebung, die sie einschränkt, gerechtfertigt ist.

Genau aus diesem Grund ist die Fotografie von Abtreibungsopfern ein so wichtiges Instrument für die Lebensrechtsbewegung. Wie Kissling und Michelman feststellten: „In den 1970-er Jahren ... blieb der Fötus ... weitgehend unsichtbar. Die Pro-Choice-Bewegung blieb bei der Botschaft offensiv und verlagerte sich 1989 taktisch auf die Frage „Wer entscheidet?", die von NARAL Pro-Choice America gestellt wurde. Dies wurde jedoch schnell durch die Forderung der Lebensrechtler gekontert, dass wir uns das ansehen sollten, *was* entschieden wurde, und nicht nur, wer entschied.[37] Das ändert die Diskussion natürlich grundlegend. Entmenschlichende Rhetorik ist nicht annähernd so wirksam, wenn ein echtes abgetriebenes Kind sichtbar ist.

Während Versuche, die Verwendung von Fotos von Abtreibungsopfern (FAO) zu zensieren und zu verbieten, darauf hindeuten, dass Abtreibungsaktivisten sich der Wirksamkeit solcher Taktiken sehr wohl bewusst sind, zeigen sich einige gegenüber den Medien mutig und versichern ihren besorgten Journalistenfreunden, dass diese Taktiken die Menschen nur *gegen* die Lebensrechtsbewegung aufbringen werden. In der Öffentlichkeit erklärt beispielsweise Joyce Arthur von der Abortion Rights Coalition of Canada lautstark, dass FAO den Konsens für das Recht auf Abtreibung einfach nur *stärke*. Wenn das der Fall wäre, wäre Frau Arthur natürlich die größte Befürworterin von FAO – aber das ist sie nicht. Stattdessen verbringt sie einen Großteil ihrer Zeit damit, Politiker dazu zu ermutigen, gegen Lebensrechtler vorzugehen und genau die Bilder zu zensieren, von denen sie behauptet, dass sie ihre Position stärken.

Andere Abtreibungsaktivisten sind ehrlicher. In einem Artikel aus dem Jahr 2010 im *Briarpatch Magazine* mit dem Titel „Freedom of (hate) speech" schrieb Jane Kirby, dass die Verwendung von FAO durch das Canadian Centre for Bio-Ethical Reform auf dem Campus dazu führt, dass „Lebensrechtler die Bedingungen der Debatte festlegen" – mit anderen Worten, die Debatte von der *Wahl* auf das, *was gewählt wird*, verlagert wird. Kirby ist besorgt, dass die öffentliche Zurschaustellung von FAO Auswirkungen hat, und stellt fest, dass „die Zurschaustellungen eine Pro-Choice-Reaktion hervorgerufen haben, wie es die Aktivitäten anderer Anti-Choice-Gruppen nicht getan haben". Sie zitierte dann eine Doktorandin für Frauenstudien an der York University, die warnte, dass „eine Sache, in der sie [CCBR] wirklich effektiv waren, darin besteht, Botschaften zu entwickeln, die den öffentlichen Diskurs beeinflussen, was ich für eine wirklich gefährliche Sache halte, weil sie sich irgendwann in der Gesetzgebung und den Gerichten durchsetzen wird."[38]

Mit anderen Worten: Die Fotografie von Abtreibungsopfern beeinflusst die öffentliche Meinung – und diese wiederum wird unweigerlich die Gesetzgebung beeinflussen. Dr. Victoria Bromley, Professorin an der Carleton University, brachte dies 2012 in ihrem Buch *Feminisms Matter: Debates, Theories, Activism* (dt.: *„Feminismus ist wichtig: Debatten, Theorien, Aktivismus")* auf den Punkt. „In Kanada", schrieb sie, „wird der Kampf um reproduktive Gerechtigkeit zunehmend auf dem Universitätsgelände ausgetragen. In den letzten Jahren haben Versuche, reproduktive Rechte zu untergraben, zugenommen. Organisationen wie das Canadian Centre for Bio-Ethical Reform (CCBR) haben mit den Kampagnen »Echoes of the Holocaust« [dt.: „Echos des Holocaust"] und dem »Genocide Awareness Project« [dt.: „Genozid-Aufklärungsprojekt"] landesweit die Campus infiltriert." [39] Dies ist gefährlich für die Pro-Choice-Bewegung, sagt Bromley, denn „dadurch wurden Ressourcen von der Förderung der reproduktiven Rechte abgezogen, um den Zugang von Anti-Choice-Extremisten zu den Universitäten zu blockieren. Außerdem hat sich die Debatte von reproduktiven Rechten, der körperlichen Unversehrtheit von Frauen und der Entscheidungsfreiheit wegbewegt hin zur Bekämpfung von Hassreden sowohl auf dem Campus als auch vor Gericht. Einige Pro Choice-Aktivisten befürchten auch, dass solche aufrührerischen Bilder dazu verwendet werden könnten, ... gesetzliche Beschränkungen für Abtreibungen zu beschleunigen."[40]

In einem weiteren kürzlich erschienenen Buch der University of Toronto Press, *„The Changing Voice of the Anti-Abortion Movement"* (dt.: *„Die sich wandelnde Stimme der Anti-Abtreibungsbewegung")*, geben Paul Saurette und Kelly Gordon, beide Abtreibungsbefürworter, zu, dass der Einsatz von Fotos von Abtreibungsopfern (FAO) oft sehr strategisch ist: „[Die] Konfrontationstaktiken der CCBR sind sehr klar und sehr rational strategisch angelegt – sie werden nicht als Ausdruck von Empörung oder blinder Behauptung der tiefen Überzeugungen ihrer Anhänger eingesetzt, sondern als historisch erprobtes Instrument, um den sozialen Wandel voranzutreiben."[41] Ein anderer Professor äußerte seine Besorgnis in einer Dokumentation über die Öffentlichkeitsarbeit der CCBR, die vom Fernsehsender CityTV Toronto ausgestrahlt wurde, und wies auf die möglichen Auswirkungen solcher „ausgeklügelten Marketingtechniken" auf die öffentliche Meinung hin.[c]

Abtreibungsaktivisten sind sich einig, dass die Auswirkungen von FAO oft zu einer zunehmenden Unterstützung für Gesetze zur Einschränkung von Abtreibungen führen. In der Publikation *„Historical and Multicultural Encyclopedia of Women's Reproductive Rights in the United States"* (dt.: *„Historische und multikulturelle Enzyklopädie der reproduktiven Rechte von Frauen in den Vereinigten Staaten"*) aus dem Jahr 2002 erklärte eine Autorin, die sich für das Recht auf Abtreibung einsetzt, dass „die Anti-Abtreibungsbewegung über die anschaulichen Bilder und den emotionalen Appell verfügt, während die Pro-Choice-Seite auf Abstraktionen zurückgreifen muss. Selbst wenn Pro-Choice-Aktivisten Bilder von Frauen verwenden, die bei illegalen Abtreibungen getötet wurden, haben Bilder von Erwachsenen nicht die gleiche Wirkung wie Bilder von Babys. Viele Pro-Choice-Aktivisten glauben, dass es der Opposition gelungen ist, Abtreibung zu stigmatisieren ... Aktuelle Umfragedaten, die darauf hindeuten, dass das allgemeine Engagement für Abtreibungsrechte in den 1990-er Jahren zurückgegangen ist, stützen diese Wahrnehmung."[42]

Ablenken, manipulieren und täuschen

Im Laufe der Geschichte haben diejenigen, die Ungerechtigkeit vertuschen wollen, im Allgemeinen auf dieselbe Taktik zurückgegriffen: Sie stellen sicher, dass es in der Debatte nicht um die konkreten Details des

---

[c] *Saurette und Gordon weisen auf Seite 186 darauf hin, dass Organisationen wie CCBR sehr bewusst mit der Darstellung von FAO umgehen: „... die CCBR ist ein hervorragendes Beispiel für einen hybriden Ansatz. Ihre Bereitschaft, schockierende Bilder zu verwenden, Schüler auf der Straße zu konfrontieren und bei der Öffentlichkeit äußerst negative Emotionen hervorzurufen, ähnelt den Bildern von Anti-Abtreibungs-Demonstranten im traditionellen Porträt. Es ist jedoch wichtig zu erkennen, dass sich die Taktiken der CCBR trotz dieser Ähnlichkeiten auch stark von diesen traditionellen Formen unterscheiden. Die CCBR geht nicht nur viel strategischer und selbstbewusster mit provokativen Techniken um, sondern der Debattierethos, den sie bei Aktivisten verankern möchte, das genaue Gegenteil des alten Stereotyps von Lebensrechtlern als aggressive, wütende Demonstranten, die Frauen vor Kliniken anschreien oder belästigen."*

Geschehens geht, sondern um eine Abstraktion, die sich viel leichter verteidigen lässt. Die Südstaaten zum Beispiel weigerten sich, über die Sklaverei zu debattieren, und behaupteten stattdessen, die „Debatte sei abgeschlossen". Stattdessen bestanden sie darauf, nur über die „Rechte der Bundesstaaten" zu streiten, ein Konzept, das weitaus mehr Anklang fand und aus offensichtlichen Gründen weitaus beliebter war. Sie hatten keine Lust, über sexuelle Übergriffe und Auspeitschungen und die brutale Trennung von Familien auf Plantagen im Süden zu streiten, geschweige denn, sich auf weitaus unangenehmere Gespräche über die immer weiter verbreitete Praxis der Sklavenzucht einzulassen. Sie waren sich bewusst, dass solche Handlungen als unentschuldbar angesehen werden würden, und wechselten daher das Thema.

Tatsächlich sind die Argumente, die die Südstaatler zur Verteidigung der Sklaverei vorbrachten, der „Wer entscheidet"-Rhetorik der Abtreibungsaktivisten erschreckend ähnlich. Die Befürworter der Sklaverei bestanden darauf, dass es nicht darum gehe, ob die Sklaverei unmoralisch sei, sondern vielmehr darum, ob die Entscheidung darüber bei den Bundesstaaten oder der Bundesregierung liegen solle. Die Abolitionisten wollten die Grausamkeiten der Sklaverei hervorheben, insbesondere mit Fotografien wie dem berühmten Foto „Der Geißelrücken" von McPherson & Oliver, das die grotesken Furchen und Narben zeigt, die in das Fleisch eines Sklaven geschlagen wurden. Aus offensichtlichen Gründen wollten Sklavenhalter solche Diskussionen um jeden Preis vermeiden. Solche Bilder waren nicht zu widerlegen.

Die gleiche Taktik wurde von Plantagenbesitzern und Sklavenhändlern angewandt, um die brutalen Beweise von William Wilberforce und Thomas Clarkson zu entkräften. Um den Status quo zu erhalten, versuchten die Sklaverei-Befürworter, die überzeugenden moralischen Argumente, die durch die ergreifenden Bilder der Abolitionisten untermauert wurden, zu ignorieren und stattdessen darauf zu bestehen, dass Großbritannien durch die Aufgabe des Sklavenhandels diesen Markt anderen Nationen überlassen würde. Andere behaupteten einfach, die Bilder seien sensationslüsterne Erfindungen.

Der belgische König Leopold bestand darauf, dass der sich im Kongo abspielende Völkermord in Wirklichkeit eine humanitäre Maßnahme seinerseits sei. Die Befürworter der Kinderarbeit wollten lieber über Beschäftigung sprechen als über Kinder, die durch Fabrikmaschinen verstümmelt wurden, und behaupteten, dass die Fotos von Lewis Hine gefälscht seien. Und am Ende des Tages besteht die letzte Verteidigungslinie für diejenigen, die Ungerechtigkeit vertuschen wollen, genau wie bei den Abtreibungsaktivisten nach ihnen darin, zu behaupten, dass die vorgelegten Beweise gefälscht sind – eine Behauptung, mit der sich jede soziale Reformbewegung auseinandersetzen musste. Diese Anschuldigungen sind an sich schon ein Eingeständnis, da sie darauf hindeuten, dass diejenigen, die die Ungerechtigkeiten verteidigen wollen, erkennen, dass *ihre Position moralisch unhaltbar ist, wenn die Bilder echt sind.*

Abtreibung *wieder* stigmatisieren

Die Fotografie von Abtreibungsopfern erfüllt noch eine weitere wichtige Funktion: Sie konfrontiert und bekämpft direkt die vermeintlich „neue" Strategie, die von Abtreibungsaktivisten vorgeschlagen wird, die entschlossen sind, die gesetzgeberischen Erfolge der Lebensrechtsbewegung in den Vereinigten Staaten zurückzudrängen. Katha Pollitt, eine amerikanische Feministin und Gesellschaftskritikerin, beschrieb in ihrem 2015 erschienenen Buch *Pro: Reclaiming Abortion Rights* (dt.: *„Pro: Rückgewinnung von Abtreibungsrechten")*, wie ihre Zukunftsvision für die Pro-Choice-Bewegung aussieht. Nach Pollitts Ansicht ist die Lösung für die erfolgreiche Stigmatisierung von Abtreibungen einfach: Entstigmatisierung. Ein statistisch hoher Prozentsatz der Frauen hat bereits eine Abtreibung hinter sich, betont sie. Wenn diese Frauen sich outen und ihre Geschichten erzählen würden, um der Öffentlichkeit zu zeigen, dass Frauen, die eine Abtreibung vornehmen lassen, Schwestern, Mütter, Ehefrauen und Freundinnen sind, wäre Abtreibung nicht nur ein gängiger medizinischer Eingriff, sondern gesellschaftlich normalisiert.

Natürlich *wissen* Lebensrechtler bereits, dass Abtreibungen weit verbreitet sind. Deshalb setzen wir uns überhaupt für das Leben ein. Und wir wissen auch, dass es Menschen in unserem Leben gibt, die abgetrieben haben. Die schrecklichen Auswirkungen von Abtreibungen auf diejenigen, die wir lieben, zu sehen, ist einer der Hauptgründe für viele Pro-Life-Aktivisten. In mehr als nur seltenen Fällen sind Pro-Life-Aktivisten *selbst* Frauen, die abgetrieben haben. Es handelt sich also um eine Fehleinschätzung oder ein Missverständnis auf Pollitts Seite. Andererseits waren die Versuche der Pro-Choice-Bewegung, Abtreibung zu entstigmatisieren, bis zu einem gewissen Grad erfolgreich, insbesondere ihr verbaler Schlagabtausch und ihre rhetorischen Winkelzüge, in denen sie darauf bestanden, Abtreibung als „Gesundheitsfürsorge" oder reproduktive Rechte zu bezeichnen, obwohl Abtreibung nichts mit „reproduktiven Rechten" zu tun hat, sondern vielmehr damit, ob es uns erlaubt ist, einen existierenden Menschen zu töten, *nachdem* die Reproduktion *bereits stattgefunden hat*.

Aber Lebensrechtler müssen auf Entstigmatisierungskampagnen mit *Re*-Stigmatisierungskampagnen reagieren. Wir sind absolut und ohne jeden Vorbehalt der Meinung, dass Abtreibung, eine gewaltsame Handlung, die das Leben eines Menschen beendet, in einer zivilisierten Gesellschaft, in der die Menschenrechte geachtet werden, stigmatisiert werden *sollte*. Der Grund, warum Abtreibungsaktivisten die Opferfotografie so leidenschaftlich verabscheuen, liegt darin, dass sie sich der Macht drastischer Bilder bewusst sind, die die Vorstellungskraft anregen und das Gewissen des Betrachters beunruhigen und mit einem einzigen Bild ein Verfahren erneut stigmatisieren, das durch keine noch so geschickte Argumentation gerechtfertigt werden kann. Abtreibung ist zu schrecklich, um in Worten genau wiedergegeben zu werden, hat Gregg Cunningham oft betont. Daher können nur Bilder wirklich veranschaulichen, was Abtreibung wirklich ist. Nur Fotos von Abtreibungsopfern können das Hin und Her einer Debatte durchbrechen und in deutlichen, unmissverständlichen und unbestreitbaren Worten zeigen, dass Abtreibung einen Menschen zerstückelt, enthauptet und ausweidet.

Abtreibungsaktivisten erkennen dies an. Lebensrechtler sollten dies auch tun. Die Pro-Choice-Bewegung bei der Verschleierung der Wahrheit über Abtreibung zu unterstützen und sich der Selbstzensur zu unterwerfen, ist ein fataler Fehltritt für die Lebensrechtsbewegung - und damit auch fatal für ungeborene Kinder, die dasselbe Schicksal erleiden, weil ihre Mütter den Lügen der Abtreibungsindustrie Glauben geschenkt haben.

Kapitel 3

Wie Mitarbeiter in der Abtreibungsindustrie durch das Gesehene traumatisiert werden

Nationale Statistiken deuten darauf hin, dass Dilatation und Evakuierung (D&E) für die Patientin, die sich einem Schwangerschaftsabbruch im zweiten Trimester unterzieht, erhebliche Vorteile haben können. Allerdings gehen mit diesem Verfahren häufig erhebliche emotionale Reaktionen des medizinischen und beratenden Personals einher ... Die Reaktionen auf den Fötus reichten von absichtlichem Nicht-Ansehen bis hin zu Schock, Bestürzung, Verwunderung, Ekel, Angst und Traurigkeit ... Zwei Befragte waren der Meinung, dass die Durchführung von D&E dem Arzt letztendlich psychisch schaden muss.

– „What about us? Staff reactions to D&E." Advances in Planned Parenthood, (dt.: „Was ist mit uns? Reaktionen der Mitarbeiter auf D&E." Fortschritte in der geplanten Elternschaft) **Bd. XV, Nr. 1, Excerpta Media, 1980.**

„Wenn Abtreibungsbilder so wirksam sind", so argumentieren einige, „warum ändern Abtreibungsärzte dann nicht ihre Meinung?" Das ist ein interessanter und überzeugender Punkt. Das Personal in Abtreibungskliniken hat oft die Aufgabe, abgetriebene Babys wie ein blutiges Puzzle wieder zusammenzusetzen, um sicherzustellen, dass keine Körperteile in der Gebärmutter zurückbleiben, die nach Abschluss des Eingriffs Infektionen verursachen könnten. Tag für Tag sind sie mit einem unerbittlichen und unbeschreiblichen Gemetzel konfrontiert und helfen dabei. *Warum* bleibt das Personal also in der Abtreibungsindustrie, wenn es doch weiß, was es weiß, und sieht, was es sieht?

In vielen Fällen hat sich das Gewissen der Abtreibungsärzte gegenüber dem Schicksal derer, die sie ins nächste Leben befördern, verhärtet. Die Videos, die 2015 von den verdeckten Ermittlern des Center for Medical Progress veröffentlicht wurden, zeigten Abtreiber, die beiläufig darüber diskutierten, wo es am besten sei, das Baby zu „zerdrücken", ohne die verkäuflichen Organe zu beschädigen, und spätere Aufnahmen zeigten Gespräche über das Einschlagen von Schädeln, das Abreißen von Gliedmaßen und das Auffangen von herumfliegenden Augäpfeln. Diese Gespräche fanden bei Salaten und einem Schluck Wein statt. Das Töten wird zur Routine, menschliche Reaktionen stumpfen durch Wiederholung ab und die Banalität des Bösen setzt ein.

Dies ist nicht nur die Analyse eines voreingenommenen Pro-Life-Aktivisten – viele Abtreibungshelfer geben dies offen zu. „Ich führe seit Jahren Abtreibungen durch und habe keine körperlichen oder emotionalen Reaktionen", sagte eine. „Ich befürchte, dass dies bedeutet, dass ich keinen Respekt vor menschlichem Leben habe."[43] Tatsächlich fuhr die Abtreibungshelferin fort: „Ich bin abgestumpft."[44] Eine andere Krankenschwester, Shelley Meegan, gab gegenüber einem Journalisten zu: „Je länger ich in diesem Bereich arbeite, desto leichter fällt es mir, mit den Problemen umzugehen. Ich habe an einigen Abtreibungen teilgenommen, aber ich versuche, mich davon zu distanzieren, damit ich mich nicht so schlecht fühle."[45] Es stellt sich die Frage: Wenn Abtreibungsrechte ein soziales Gut sind, warum müssen sich Abtreibungshelfer dann überhaupt so schlecht fühlen?

Die Wahrheit ist, dass es für Mitarbeiter in Abtreibungskliniken oft sehr schwierig ist, sich der Realität ihrer täglichen Arbeit zu stellen. Die Fantasievorstellung von glücklichen Einrichtungen, die die Abtreibungslobby gerne verbreitet, in denen sich Männer und Frauen für reproduktive Rechte einsetzen und erleichterten und dankbaren Frauen helfen, hat in der Realität keine Grundlage, und die Illusion zerbricht in dem Moment, in dem wir uns ansehen, was die Mitarbeiter der Branche selbst über ihre Arbeit zu sagen haben. Es gibt einen Grund dafür, dass es Frauen in fast jeder Abtreibungseinrichtung verboten ist, die Überreste ihrer Kinder nach Abschluss des Abtreibungsvorgangs zu sehen. Abtreibungshelfer hingegen haben keine Wahl – und was sie sehen, hat oft tiefgreifende Auswirkungen auf sie.

Im Jahr 2007 berichtete LifeSiteNews beispielsweise über die Untersuchung eines verdeckten Journalisten in einer spanischen Abtreibungsklinik. Die Enthüllung war erschreckend, und die Geschwindigkeit, mit der die Abtreiberin ein Tuch über das Baby wirft, das sie gerade getötet hat, zeigt, wie sehr sie sich mit der Moral dessen, was gerade geschehen ist, unwohl fühlt:

> *Zum wahrscheinlich ersten Mal in der Geschichte hat ein Fernsehsender in Spanien eine Abtreibung im nationalen Fernsehen gezeigt. Das Video, das während einer verdeckten Enthüllung über die spanische Abtreibungsindustrie mit versteckter Kamera gedreht wurde, zeigt eine Krankenschwester, die dem Fötus durch die Vagina einer schwangeren Frau tödliches Gift injiziert, die daraufhin ihr totes Kind, etwa fünf Monate alt, ausstößt. Der Arzt bedeckt den Körper sofort.*
>
> *„Das Baby wird tot geboren. Seine Wiege: ein Mülleimer", sagt der Kommentator im Off. Auch die Abtreibung des Babys einer anderen Frau wird gezeigt. Nach der zweiten Abtreibung bemerkt der Kommentator: „Sobald das Baby geboren ist, muss der Arzt es zudecken. Niemand schaut es an. Niemand untersucht es."*
>
> *Später untersucht der verdeckte Ermittler eines der toten Kinder. „Hände, Füße, ein Gesicht. Der Leichnam eines Menschen", stellt der Kommentator fest. Die Ärztin bemerkt, dass das Baby 21 Wochen alt ist, sagt aber, dass sie sich die Körper der Föten „nie" ansieht.*
>
> *"Niemals?", fragt der Undercover-Reporter, der sich als Arzt ausgibt, der in der Klinik Arbeit sucht. „Niemals", wiederholt die Frau, nie, nie, nie wieder!" Auf die Frage nach dem Grund antwortet die*

> *Ärztin: „Weil ich es nicht mag." „Natürlich sind Sie Mutter, nehme ich an, oder?", fragt der Reporter. Es erfolgt keine Antwort.*[46]

Es ist wahrscheinlich, dass keine Antwort gegeben wurde, weil die Realität, dass weibliche Abtreiber schwanger werden, während sie noch im Mutterleib befindliche Kinder im Alter ihrer eigenen Nachkommen gewaltsam abtreiben, etwas ist, das nur wenige zu artikulieren bereit sind. Die Abtreiberin Lisa Harris beschrieb die Erfahrung in einer Ausgabe von *„Reproductive Health Matters"* (dt.: *„Reproduktive Gesundheit ist wichtig"*) aus dem Jahr 2008:

> Als ich mit meinem heutigen Vorschulkind etwas über 18 Wochen schwanger war, führte ich bei einer Patientin, die ebenfalls etwas über 18 Wochen schwanger war, eine Abtreibung im zweiten Trimester durch.
>
> Als ich ihre Akte durchging, wurde mir klar, dass ich mehr als sonst daran interessiert war, die fetalen Teile zu sehen, wenn ich fertig war, da sie denen meines eigenen Fötus so sehr ähneln würden. Ich führte den Eingriff wie gewohnt durch, entfernte die zuvor platzierte Laminaria und bestätigte, dass die Öffnung ausreichend war.
>
> Ich benutzte eine elektrische Absaugvorrichtung, um das Fruchtwasser zu entfernen, nahm meine Zange und begann, den Fötus in Teilen zu entfernen, wie ich es immer tat. Ich hatte Glück, dass dieser Fötus bereits in der Steißlage war - das würde das Greifen kleiner Teile (Beine und Arme) etwas erleichtern.
>
> Mit meinem ersten Durchgang der Zange ergriff ich eine Extremität und begann, sie nach unten zu ziehen. Ich konnte einen kleinen Fuß sehen, der an den Zähnen meiner Zange hing. Mit einem schnellen Ruck trennte ich das Bein ab.

> Genau in diesem Moment spürte ich einen Tritt - ein flatterndes „Poch, poch" in meiner eigenen Gebärmutter. Es war eines der ersten Male, dass ich eine Bewegung des Fötus spürte.
>
> Ich hatte ein Bein und einen Fuß in meiner Zange und ein „Poch, Poch" in meinem Unterleib. Sofort schossen mir die Tränen in die Augen - ohne, dass ich - also mein bewusstes Gehirn - überhaupt mitbekam, was vor sich ging.
>
> Ich hatte das Gefühl, dass meine Reaktion ausschließlich von meinem Körper ausging und meine übliche kognitive Verarbeitung völlig umging. Eine Botschaft schien von meiner Hand und meiner Gebärmutter zu meinen Tränenkanälen zu wandern.
>
> Es war ein überwältigendes Gefühl - eine brutale, instinktive Reaktion - tief empfunden und nicht durch meine Ausbildung oder meine feministische Politik der freien Wahl beeinflusst. Es war einer der emotionalsten Momente in meinem Leben.
>
> Abtreibungen im zweiten Trimester wurden nach meiner Schwangerschaft nicht einfacher; tatsächlich machte der Umgang mit den kleinen Körperteilen meines geborenen Babys den Umgang mit zerstückelten fetalen Körperteilen nur noch trauriger.[47]

Lisa Harris wusste, dass das Bein, das sie gerade aus dem Körper des Babys „gezerrt" hatte, das sie gerade abtrieb, fast identisch mit dem kleinen Beinchen war, das sie direkt unter ihrem Herzen hatte treten gespürt, und für einen Moment konnte sie nicht leugnen, was sie da tat. Ihre „feministische Politik für das Recht auf Abtreibung", die betäubende medizinische Abtreibungsschulung - all das fiel angesichts der schrecklichen, aber unvermeidlichen Wahrheit in sich zusammen. Und doch verging der Moment, die Tränen trockneten und sie führte weiterhin Abtreibungen durch. Ihre eigene Erfahrung als Mutter machte es schwieriger, aber sie ignorierte die Momente der Wahrheit, mit denen sie konfrontiert wurde, und beschloss, ihre Ideologie an die erste Stelle zu setzen.

Fötusträume

Das erste Mal, dass ich von „Fötusträumen" hörte, war an der Universität. Es war in einem Essay, der in einer Norton-Anthologie veröffentlicht wurde, die ich für einen meiner ersten Englischkurse an der Universität kaufen musste, und der im Oktober 1990 von einer Krankenschwester namens Sallie Tisdale im Harper's Magazine veröffentlicht wurde. Er trägt den Titel „*We Do Abortions Here: A Nurse's Story*" (dt.: „*Wir führen hier Abtreibungen durch: Die Geschichte einer Krankenschwester*"). Darin bezeichnet sie Abtreibung als „süße Brutalität" und versucht, das zu rechtfertigen, was sie als notwendiges Übel ansieht:

> Aber wenn ich in das Becken schaue, sehe ich zwischen den geronnenen Blutklumpen einen elfenhaften Brustkorb, schmal, mit parallel verlaufenden Rippen, die wie mit Bleistift gezogen sind, und winzigen Wirbelknospen, die sich nach oben wölben. Daneben schwimmen ein durchscheinender Arm und eine Hand. Das Mädchen möchte es sehen und setzt sich auf. „Das ist nicht erlaubt", sagte ich streng.
>
> Ich habe Fötusträume, wie wir alle hier: Träume von Abtreibungen, eine nach der anderen; von Eimern voller Blut, die an die Wände spritzen; Bäume voller krabbelnder Föten. Ich träumte, dass zwei Männer mich packten und wegzerrten. „Lass uns eine Abtreibung machen", sagten sie mit einem widerlichen Grinsen, und ich fing an zu schreien, stürzte in eine Vision von saugendem, schabendem Schmerz, von Auseinanderziehen und Zerreißen durch unparteiische Instrumente, die nur das tun, was ihnen befohlen wird. [48]

Ich hatte „Fötus-Träume" und finde es interessant, dass sowohl ein Mitarbeiter einer Abtreibungsklinik als auch ein Lebensrechtler sie instinktiv als dasselbe bezeichnen würden. Auch andere Lebensrechtler haben mir gegenüber zugegeben, dass sie in manchen Nächten nach einem langen, harten Tag des Aktivismus die Realitäten, für deren Aufdeckung wir so hart arbeiten, nicht loslassen. Ich erinnere mich besonders an eine Woche, in der ich mit einem meiner Kollegen an einem Video über Abtreibung für eine Campus-Debatte mit einem Spätabtreiber arbeitete. Das Wühlen durch Filmmaterial von zerstückelten Kindern, die in einem bizarren Blutbad aus dem Geburtskanal glitten, wurde schnell zum Stoff für Albträume.

Und Abtreibungsärzte sehen das genauso. Ein Interview von *Mother Jones* mit dem berüchtigten Abtreiber William Rashbaum offenbarte seine Konflikte:

> Er wurde von einem wiederkehrenden Traum geplagt, in dem ein Fötus versuchte, sich mit seinen winzigen Fingernägeln an den Wänden einer Gebärmutter festzuhalten. Da er in dem Glauben erzogen wurde, dass Abtreibung falsch sei, fragt er sich: „Was für Träume wirst du wohl sonst haben?"[49]

Ich vermute, dass es nicht der moralische Kompass seiner Jugend war, der seine Träume störte. Schließlich war der Albtraum, den Rashbaum durchlebte und erschuf, gelinde gesagt, schrecklich:

> Das Verfahren ist grausam, wie jeder, der es gesehen hat, einschließlich Rashbaum, bestätigen wird. Einer seiner ehemaligen Praktikanten erinnert sich, wie er Rashbaum an einem heißen Sommertag bei einer D&E an gut entwickelten Zwillingen zusah. Er beugte sich konzentriert vor und zog methodisch Stück für Stück der Föten aus der Gebärmutter der Mutter, ohne auf das Entsetzen zu achten, das die anwesenden Mitarbeiter einander zuflüsterten: „Es sind Zwillinge. Es sind Zwillinge." Der Praktikant reagierte heftig, rannte nach Hause, übergab sich und fragte sich: „Ist das richtig?"[50]

Es sind nicht nur Tisdale und Rashbaum. In einem Artikel in einer medizinischen Fachzeitschrift wurde festgestellt, dass Abtreibungsopfer noch lange, nachdem ihre Leichen entsorgt wurden, in den Köpfen derer, die sie getötet hatten, verweilten:

> Ambivalente Phasen waren durch eine Vielzahl von ansonsten untypischen Gefühlen und Verhaltensweisen gekennzeichnet, darunter Rückzug von Kollegen, Widerwillen, zur Arbeit zu gehen, Energiemangel ... und ein allgemeines Gefühl der Unruhe. Alpträume, Bilder, die nicht aus dem Kopf gingen, und ständige Beschäftigung mit dem Thema waren ebenfalls weit verbreitet. Ebenfalls weit verbreitet war die tiefe und einsame Privatsphäre, in der sich die Praktizierenden mit ihrer Ambivalenz auseinandersetzten.[51]

In einem anderen Buch über Spätabtreibungen wurde festgestellt, dass sich viele Abtreiber zwar „technisch kompetent" fühlten, die brutale Natur ihrer Arbeit jedoch immer noch zu „starken emotionalen Reaktionen während oder nach den Eingriffen und gelegentlich zu beunruhigenden Träumen" führte.[52] Abtreiber müssen buchstäblich ihre eigenen Instinkte zerstören und ihr Gewissen zum Schweigen bringen, um die Eingriffe durchführen zu können – das *Journal of Medical Ethics* erklärte, dass „es klar ist, dass das physische Zerstückeln und Entfernen des Fötus für den Arzt emotional belastend ist. Ein Arzt muss daher ein gewisses Maß an Abstoßung überwinden, um einen späten chirurgischen Schwangerschaftsabbruch durchzuführen."[53]

Eine Abtreibungshelferin berichtete von wiederkehrenden Albträumen, in denen sie „ein Baby in die Öffnung einer [antiken] Vase stopfte. Das Baby sah sie mit einem flehenden Ausdruck an."[54] Andere Abtreiber fragten sich, „ob der Fötus Schmerzen empfindet. Sie sprachen über die Seele und wohin sie geht. Und über ihre Träume, in denen abgetriebene Föten sie mit uralten Augen und perfekt geformten Händen und Füßen anstarren und fragen: „Warum? Warum hast du mir das angetan?"[55] Abtreiber *wissen*, dass sie Babys töten. Wie einer von ihnen elendig berichtete: „Wenn ich meine Hände auf jemanden lege, um zu fühlen, wie weit sie ist, und ich einen Tritt bekomme, bin ich in diesem Moment kaum in der Lage zu sprechen."[56]

Manchmal haben nur noch Albträume die Macht, ein verhärtetes Gewissen zu erschüttern. Magda Denes hat diese Realität in ihrem Buch *„In*

Necessity and Sorrow: Life and Death in an Abortion Hospital" (dt.: *In Not und Leid: Leben und Tod in einer Abtreibungsklinik*, übers.: *Der Eingriff: Bericht aus einer Abtreibungsklinik*, Graz 1978) eindringlich festgehalten. Für ihr Buch verbrachte sie einige Zeit als Beobachterin in einer Abtreibungsklinik:

> Die Sensibilität stumpft durch die Belastung ab. Nachdem ich Holzman wochenlang von OP 1 zu OP 2 gefolgt bin, stumpft mein Sinn für Bedeutung ab. Ich fange an, „Fälle", „Zervixöffnungen", „fetales Gewebe" zu sehen. Ich mache mir Sorgen, dass während der Operationen das Tempo nicht eingehalten wird, aber nicht anders, als wenn ich mir Sorgen über ein unbekanntes Geräusch im Motor meines Autos mache. Einmal verliert die OP-Schwester während der Operation ihren Ehering. Sie bemerkt den Verlust am Ende der Operation, als der Pfleger gerade dabei ist, die blutigen Laken auf dem Boden zusammenzufalten. Sie nimmt den gefüllten Plastikbeutel aus dem Mülleimer und leert ihn in die Mitte der Laken. Beide knien nieder und wühlen mit bloßen Händen verzweifelt in dem Haufen aus Plazentagewebe, Blut und zerhackten Fötusteilen. „Er muss hier sein", sagt sie fast unter Tränen. „Wir werden ihn finden", beruhigt er sie. Ich bin voll und ganz auf ihrer Seite. Es ist schrecklich, seinen Ehering zu verlieren ... Stunden später, als sich die Szene wieder in meinem Kopf abspielt, erkenne ich mich selbst nicht wieder. Ist Unmenschlichkeit eine Gewohnheit? Ist Gleichgültigkeit das Ergebnis des Bedeutungsverlusts? Wenn ja, muss man sich selbst wie einen Feind betrachten.[57]

Einige derjenigen, die in der Abtreibungsindustrie tätig sind, haben diese traumatischen Gewissensbisse als Grund dafür genannt, dass sie ihre blutigen Praktiken aufgegeben haben. Wenn man ihre Berichte liest, erinnert man sich immer an einen Ausschnitt aus einem Gedicht des antiken Schriftstellers Aischylos:

Selbst im Schlaf schmerzt unser Herz,
und drängender Zwang führt manchen
in tiefster Verzweiflung zur Vernunft.
Dies ist das Geschenk, das uns die Götter leihen.

Dr. Bernard Nathanson, der Abtreibungsarzt aus New York, der mehrere Jahre lang die größte unabhängige Abtreibungsklinik der Welt leitete, bevor er zum Lebensrechtler wurde, schrieb mehrere Bücher, in denen er die Atmosphäre innerhalb der Abtreibungsindustrie beschreibt. Eine Anekdote in seinem Buch „Aborting America" ist besonders aufschlussreich:

> Ich erinnere mich auch daran, dass ich von der Frau eines [Abtreibungsarztes] auf der Cocktailparty, die wir anlässlich der Eröffnung der Klinik in der 62. Straße gaben, in die Enge getrieben wurde. Sie nahm mich beiseite und berichtete mir aufgeregt von den immer häufiger auftretenden Albträumen ihres Mannes. Er hatte ihr gestanden, dass die Träume voller Blut und Kinder waren und dass er in letzter Zeit von der Vorstellung besessen war, dass seinen eigenen Kindern bald eine schreckliche Ungerechtigkeit widerfahren würde, als Strafe für das, was er tat. Ein anderes Mal rief die Frau eines zweiten Arztes an, der an diesem Ort mindestens 2.000 Abtreibungen durchgeführt hatte, und berichtete, dass ihr Mann im vergangenen Jahr ein ernstes Alkoholproblem entwickelt hatte, das ihrer Meinung nach durch die Arbeit in der Klinik ausgelöst wurde.[58]

In der gesamten Literatur von und für Personen, die Abtreibungen durchführen, gibt es bestimmte wiederkehrende Motive. Die meisten Personen, die Abtreibungen durchführen, plagen sich anfangs mit Schuldgefühlen für das, was sie tun. Diejenigen, die es schaffen, ihr Gewissen zum Schweigen zu bringen, werden oft kalt und morbide – die von David Daleiden und dem Center for Medical Progress aufgezeichneten Gespräche sind ein Beweis dafür. Viele Personen, die Abtreibungen durchführen, sind privat davon überzeugt, dass sie etwas Schreckliches tun, aber aus Gründen, die von finanziellen Anreizen bis hin zur

Überzeugung reichen, dass Abtreibung ein „notwendiges Übel" ist, bleiben sie in diesem Geschäft. Viele greifen zu Drogen, um damit zurechtzukommen – wie die ehemalige Abtreibungshelferin Nina Whitten berichtete: „Ich nahm Drogen, um morgens wach zu werden. Ich nahm Speed, während ich bei der Arbeit war. Und ich rauchte Marihuana, trank viel Alkohol ... So kam ich mit dem zurecht, was ich tat. Es war schrecklich, dort zu arbeiten, und es war nichts Gutes daran."[59]

Unser kollektiver kultureller Albtraum betrifft uns alle – diejenigen, die die Babys töten, diejenigen, die mit den Leichen umgehen, und diejenigen, die versuchen, die Wahrheit an eine Öffentlichkeit, die sich des Horrors, den wir mit den Steuergeldern der Bürger finanzieren, kaum bewusst ist, zu bringen. Während Tausende ungeborener Kinder in Kliniken im ganzen Land sterben, leben viele von ihnen nur in unseren Träumen weiter.

Wo landen die Leichen?

Nicht nur die Mitarbeiter in Abtreibungskliniken sind vom Anblick winziger menschlicher Körper betroffen. Während einige abgetriebene Babys verbrannt und andere einfach in Müllcontainer geworfen werden, werden andere an Pathologielabore geschickt – und von Medizinstudenten und Pathologen am anderen Ende wird erwartet, dass sie diese auspacken. Vor einigen Jahren stieß ich auf eine Reihe von Beiträgen in einem Forum des Student Doctor Network, das von der St. George's University betrieben wurde. Im Diskussionsforum teilten diejenigen, die mit den Körpern abgetriebener Babys arbeiteten, ihr Entsetzen über das, was sie sahen.

> „Ist schon mal jemand darüber gestolpert?", schrieb einer, „Ich spreche vor allem von den großen, bei denen man tatsächlich Gesichtsausdrücke erkennen kann, als ob sie wüssten, dass sie zerhackt werden (im Ernst). Ich bin einmal fast durchgedreht, das ist echt gruselig. Bin ich der einzige Pathologe, der ausflippt, wenn ein 0,5 cm großer Augapfel aus dem Beutel rollt

> und einen direkt anstarrt ... Ich weiß, dass wir das alle denken, aber niemand in der Pathologie spricht darüber."[60]

Ein anderer Pathologe, der sich als „Andy Milonakis" zu erkennen gab, antwortete mit den Worten:

> „Total abgedreht, Mann. Wir bekommen eine ganze Reihe von fragmentierten Föten aus Schwangerschaftsabbrüchen und sie kommen in einem Behälter mit Formaldehyd. Die Tatsache, dass sie alle zerhackt sind, ist zunächst einmal beunruhigend. Natürlich gibt es auch noch die ganze Augapfel-Problematik, die mich ebenfalls ausflippen lässt. In meinem Kopf hallen die Soundeffekte aus dem Film *Psycho* wider ... *„Reee Reee Reee Reee Reee Reee Reee Reee!"*[61]

Der Verfasser des Originalpostings fuhr fort und beschrieb eine albtraumhafte Szene:

> „Ein Vorfall hat mich wirklich mitgenommen, es war ein männlicher Fötus, mindestens 1,4 Kilo schwer, etwa 24+ Wochen alt. Er lag da und verweste, weil der Rest des Personals ANGST vor ihm hatte, das ist kein Scherz. Dann sagte mir der Chef des Personals, ich solle mich darum kümmern, weil ich der ... Neue war, also machte ich mich an die Arbeit. Ich zog zwei wohlgeformte Arme heraus und dann den Rumpf, ohne Kopf. Der Kopf lag am Boden des Behälters, als ich ihn herauszog, hatte er diesen Ausdruck von so großem Entsetzen, dass es mich total aus der Bahn geworfen hat, meine Assistentin hat das gesehen und ist weggerannt, hat buchstäblich die Arbeit verlassen und ist in den Krankenstand gegangen (das meine ich ernst). Es war wie ein kopfloses schreiendes Baby, als wäre es zumindest für den Bruchteil einer Sekunde geboren worden, um zu erkennen, dass die Lage aussichtslos war, und einen qualvollen Schrei auszustoßen. Die Geschichte ging in der Abteilung herum, jemand beschuldigte mich tatsächlich, etwas getan zu haben, was ein Fall für den Gerichtsmediziner hätte sein sollen, und

> drohte, die Ärztekammer einzuschalten! Ich mache keine Witze, ich bin einmal kurz danach schweißgebadet aufgewacht und mir lief die Pisse das Bein hinunter … nicht schön."[62]

Es sind anscheinend die Augen, die diejenigen, die mit den Leichen geschlachteter ungeborener Kinder zu tun haben, am meisten verstören. Ein anderer Pathologe schrieb:

> Die meisten meiner Anekdoten über Abtreibungen stammen von meinem PSF. Hier bearbeitet einer der Assistenzärzte die meisten davon im Rahmen eines Projekts, das er macht, und wir sind mehr als glücklich, ihn dabei zu unterstützen.
>
> 1) Anenzephalisches Baby, ansonsten unversehrt. Es ist verstörend, sich das anzusehen. Ich habe schon einige gesehen, und es ist nie angenehm, sich das anzusehen.
>
> 2) Bei einem POC [Product of conception; dt.: Resultat der Empfängnis], das etwa 12–15 Wochen alt war, steckte ich eine ganze Hand in einen Histologicblock, um zu sehen, wie eine sich entwickelnde Hand aussieht. Die Histotechnikerin ist ausgeflippt, als sie das sah, und ich durfte das nicht noch einmal machen. Also habe ich mich später auf Dinge beschränkt, die nicht erkennbar waren, wie z.B. den vollständigen Querschnitt des anenzephalen Kopfes eines acht Wochen alten Fötus und den vollständigen Kehlkopf usw.
>
> 3) Am seltsamsten ist es, wenn man den aufgequollenen Inhalt erhält und hier und da ein paar Teile erkennen kann – normalerweise ein Bein oder einen Arm, manchmal das Herz. Aber es ist seltsam, wenn man einen Großteil davon nicht finden kann.
>
> 4) Es gab eine Totgeburt nach etwa zwölf Wochen oder so, die aus irgendeinem Grund in die Leichenhalle gebracht und nie abgeholt wurde. Ein paar Monate später beschloss die Familie, eine Autopsie durchführen zu lassen. Also musste ich eine Autopsie an einem mumifizierten 12-Wochen-Fötus durchführen.

> Sie hatten sich die Mühe gemacht, dem Kleinen eine Mütze aufzusetzen, aber ansonsten war es geschrumpft und braun.
>
> 5) Fötus in der 16. Woche oder so, das POC wird als einzelnes Präparat geschickt, und es gibt ein zweites Präparat mit der Bezeichnung „Herz“. Wir sollten feststellen, ob es irgendwelche eindeutigen Herzanomalien gab. Es hatte etwa die Größe einer Murmel. Ich nahm es zum Seziermikroskop und fand den PFO [dt.: offenes Foramen ovale], aber das war auch schon alles, was ich feststellen konnte.
>
> 6) Etwa 12 Wochen alter Fötus, POC wurde nach unten geschickt und wollte wissen, ob es sich um einen perforierten Anus handelte.
>
> In diesem Zusammenhang möchte ich jedoch erwähnen, dass Augäpfel das Präparat sind, das mich am meisten erschreckt. Wenn ich in ein Auge schneide, fange ich an zu kreischen. Ich erinnere mich daran, wie ich es zum ersten Mal im Anatomiesaal gemacht habe und das Gefühl hatte, als würde ich mir selbst ein Messer ins Auge stechen. [63]

Einige der Anekdoten im Diskussionsforum sind sogar noch schlimmer, gleichzeitig morbide und makaber:

> Normalerweise esse ich gerne bei White Castle, während mein zuverlässiger Laborassistent alle Babykörperteile, Gliedmaßenamputationen und Reduktionsmastektomien in den Verbrennungsofen schichtet. Manchmal fühlt es sich fast wie in einem Nazi-Konzentrationslager an. Einer meiner Assistenten hat heute versucht, einen Witz über das Bein und den abgetriebenen Fötus zu machen, den wir transportiert haben. Ich habe geantwortet: „Hab etwas verdammten Respekt!!“ und dann auch angefangen zu lachen, man kann nichts dagegen tun. Es ist so unglaublich verrückt. Nichts in der medizinischen Fakultät bereitet einen darauf vor.

> PS: Hat noch jemand die Geschichte von den 1200 abgetriebenen Föten gehört, die bei einer seismischen Nachrüstung unter einem kalifornischen Krankenhaus gefunden wurden? Es stellte sich heraus, dass die Firma, die sie mit der Verbrennung beauftragt hatten, die Föten einfach unter das Fundament stopfte. Als die Krankenhausverwaltung davon erfuhr, war sie stinksauer und ließ das Pathologiepersonal tagelang abgetriebene Föten aus dem Boden rupfen ...[64]

Andere, so scheint es, haben sich an das gewöhnt, was sie sahen:

> Auf keinen Fall, nein, Abtreibungen machen mir überhaupt keine Angst. Wenn vielleicht ein Zwillingsfall von intrauterinem Fruchttod auftauchen würde und einer dem anderen einen Dirty Sanchez verpasst, nun, vielleicht würde ich dann innehalten. Bis dahin kann keine Menge an Glubschaugen oder winzigen Kiefern, die „mitten im Schrei" ausgerenkt werden, etwas dazu beitragen, die kleinen Säcke von Niemals-Wesen für mich menschlicher zu machen.
>
> Es gibt eine ganze Reihe von Dingen, die ich beunruhigend finde, aber nur wenige davon kommen direkt aus dem Mutterleib.[65]

Aber gelegentlich schlägt die Realität der Abtreibung unerwartet ein. Ein anderer Nutzer antwortete:

> Vor dem Medizinstudium arbeitete ich als Autopsietechniker/ Pathologiegehilfe und eine meiner Aufgaben bestand darin, die alten chirurgischen Pathologieproben zu entsorgen, um das Formaldehyd abzulassen, und dann die Proben für die Verbrennung zu verpacken. Klingt unangenehm, aber ich habe es genossen, weil ich dabei NPR [National Public Radio] hören konnte, ohne gestört zu werden. Jedenfalls ging es schnell, wenn ich ein Präparat nach dem anderen in den Ausguss kippte, bis ich eines Tages einen ganzen, intakten Fötus, 25 Wochen alt,

> in den Ausguss kippte. Ich war so nah dran, ohnmächtig zu werden. So völlig unerwartet, nachdem ich Tag für Tag Gallenblasen und Dickdärme gesehen hatte.[66]

Diese Menschen arbeiten im dunklen Untergrund unserer Gesellschaft, wo die Leichen der Unbequemen zur Entsorgung ankommen. Sie sehen die verwesenden Körper, die durch den Narzissmus der verrottenden Seele unserer Kultur verursacht werden. Kein Opfer ist zu groß für das Recht, so zu leben, wie wir es wollen, auch wenn dies bedeutet, dass andere überhaupt nicht leben können.

Töten ist schwer

In Wirklichkeit leiden die Abtreibungspersonal *sehr wohl* unter der blutigen Arbeit, die sie verrichten, und viele verlassen die Branche schließlich aus genau diesem Grund. Die Belastung durch das ständige Blutvergießen hat dazu geführt, dass es in ganz Nordamerika einen Mangel an Ärzten gibt, die bereit sind, Abtreibungen durchzuführen, und diejenigen, die noch übrig sind, sind oft von einer selbstmitleidigen Belagerungsmentalität und einem verhärteten Gewissen geplagt. Genau aus diesem Grund verabscheuen die Akteure der Abtreibungsindustrie die Fotografie von Abtreibungsopfern so sehr: Oft erfüllt sie allein der Gedanke, dass die Öffentlichkeit die Ergebnisse dessen sieht, was sie hinter verschlossenen Türen begehen, mit Furcht.

Kapitel 4

Untersuchung der Kontroverse

Die öffentliche Zurschaustellung hübscher Bilder von geborenen Babys mag uns ein besseres Gefühl geben, aber sie beantwortet Fragen, die niemand stellt. Es sind die ungeborenen Babys, nicht die geborenen, die getötet werden, und die meisten von ihnen sterben im ersten Schwangerschaftsdrittel, wenn die Öffentlichkeit am wenigsten darüber informiert ist, wer das Baby ist und was Abtreibung ihm antut.

Gregg Cunningham
Geschäftsführer, „Center for Bio-Ethical Reform" (CBR)

Unsere kulturelle kognitive Dissonanz

Eine gängige Antwort auf Pro-Life-Aktivisten, die Fotos von Abtreibungsopfern verwenden, ist, dass solche Taktiken unnötig sind, weil diese Kritiker davon ausgehen, dass das eigentliche Problem unserer Kultur ein Mangel an Bewusstsein für die Menschlichkeit des Kindes ist, das sich im Mutterleib entwickelt. Die These dieser Kritiker lautet, dass die meisten Menschen einfach die Schönheit des ungeborenen Kindes sehen müssen, und dass sie sich dann von der Abtreibung abwenden werden.

Wir wissen, dass Fotos von Babys im Mutterleib in manchen Fällen wirksam sind, um die Einstellung zur Abtreibung zu ändern, wenn auch sicherlich nicht durchgängig. Diese Art der Aufklärung hat ihren Wert, und wir haben festgestellt, dass es sehr effektiv ist, Fotos eines Abtreibungsopfers mit einem schönen ungeborenen Kind, das im Mutterleib heranwächst, zu vergleichen. Aber diese Strategie übersieht auch zwei wichtige Punkte. Erstens ist unsere Kultur nicht wirklich unwissend, was das Kind im Mutterleib betrifft, und zweitens fühlen sich die meisten Menschen durch Bilder von Kindern – insbesondere von bereits geborenen, lächelnden Babys – nicht ausreichend in ihrer Weltanschauung für Abtreibung herausgefordert.

Es gibt natürlich *manche* Menschen, die sich offenbar wirklich nicht bewusst sind, was im Mutterleib vor sich geht, und die viele embryologische Details der menschlichen Entwicklung nicht kennen. Die entmenschlichende Rhetorik der Abtreibungsbewegung ist erstaunlich wirksam – „Zellklumpen", „Parasiten", „Untermenschen" – Lebensrechtler haben sie alle gehört. Sogenannte Pro-Choice-Journalisten haben sich sogar darüber beschwert, dass Ultraschalluntersuchungen nun „politische Instrumente" seien, weil sie Frauen zeigen, welche Kinder in ihren Gebärmüttern heranwachsen.[d] Fotos des Kindes im Mutterleib könnten ausreichen, um die wenigen Menschen umzustimmen, die wirklich nicht wissen, dass das Baby im Mutterleib ein Baby ist.

Aber in Wirklichkeit *weiß* die Mehrheit der Menschen instinktiv, wenn nicht sogar rational, dass das ungeborene Kind im Mutterleib tatsächlich ein Mensch ist. Deshalb fragt niemand – nicht einmal Abtreibungsbefürworter – nach, *was* jemand erwartet, der verkündet, dass er „schwanger ist". Sie wissen es bereits. Wenn jemand zur Entbindung ins Krankenhaus geht, rufen seine Pro-choice-Freunde nicht an, um sicherzustellen, dass das, was sie zur Welt gebracht haben, tatsächlich ein Baby ist. Das *wissen* sie bereits. Medien, die dafür berüchtigt sind, Abtreibungsrechte zu verteidigen, verkünden regelmäßig, dass irgendein neuer Promi oder ein Mitglied einer königlichen Familie *offensichtlich* mit einem Baby schwanger ist, und spekulieren atemlos über das Geschlecht des Babys. Darüber hinaus hat fast jeder schon einmal ein Foto von einem Kind im Mutterleib gesehen, sei es in einem Fotoessay in der TIME oder LIFE, in einer Dokumentation von *National Geographic*

d Ultraschalluntersuchungen, bei denen Frauen ihre eigenen Kinder im Mutterleib sehen können, haben sich auch als sehr wirksam erwiesen, um Mütter von Abtreibungen abzuhalten.

oder einfach auf einem Ultraschallbild von der Schwangerenvorsorgeuntersuchung eines Freundes oder Familienmitglieds.

Das eigentliche Problem ist, dass unsere Kultur unter *kognitiver Dissonanz* leidet. Kognitive Dissonanz ist der Zustand, in dem man gleichzeitig zwei widersprüchliche oder konkurrierende Überzeugungen hat, ohne diese Überzeugungen miteinander in Einklang zu bringen. Genau das ist bei der Abtreibung passiert: Was wir *instinktiv und intellektuell* über das ungeborene Kind im Mutterleib *wissen*, stimmt nicht mit dem überein, was wir *kulturell* über Abtreibung *glauben*. So kann jemand sich mit einer Freundin freuen, die gerade erfahren hat, dass sie schwanger ist, und ihr zu ihrem Baby gratulieren, und eine andere schwangere Freundin zur Abtreibungsklinik fahren, um dort einen „Zellhaufen" von einem Abtreiber entfernen zu lassen. Dies ist kein abwegiges Szenario: Es spielt sich jeden Tag in ganz Nordamerika ab. Die kognitive Dissonanz, die unsere Kultur erfasst hat, ermöglicht es den Menschen, die Menschlichkeit des Ungeborenen in manchen Fällen anzuerkennen und sie in anderen Fällen völlig zu ignorieren.

Jeder Pro-Life-Aktivist kann Ihnen sagen, dass eine Person, die sich für ein Recht auf Abtreibung einsetzt, plötzlich und auf mysteriöse Weise ihr Gedächtnis verliert, wenn man ihr einfache Fragen stellt wie: „Was entwickelt sich denn da im Mutterleib?" Dieselben Menschen würden keine solche Verwirrung über das Kind im Mutterleib haben, wenn ein Freund oder ein Familienmitglied gerade aufgeregt eine Schwangerschaft verkündet hätte. Aber im kulturellen Kontext der Abtreibung verwandeln sich ansonsten intelligente Menschen plötzlich in Idioten und fangen an, über „potenzielle Menschen" oder „Föten, die zu Menschen werden könnten" zu stottern, anstatt die offensichtliche Wahrheit zuzugeben, die sie in anderen Situationen instinktiv erkennen.

Es ist diese kulturelle kognitive Dissonanz, die so viele Formen der Pro-Life-Aufklärung unwirksam macht. Jemandem ein Bild von einem geborenen Kind zu zeigen, zwingt eine Person, die für das Recht auf Abtreibung eintritt, in der Regel nicht dazu, sich einer harten Wahrheit zu stellen oder gar seine Weltanschauung zu überdenken.

Wie Gregg Cunningham feststellte:

> Die Verwendung von Fotos von Neugeborenen soll die Öffentlichkeit davon überzeugen, dass Menschen Schwangerschaften nicht abbrechen sollten, da ungeborene Babys schließlich zu geborenen Babys werden und geborene Babys wunderbar sind. Das Problem bei diesem Argument ist, dass Menschen, die Schwangerschaften abbrechen, zu diesem Zeitpunkt in ihrem Leben kein wunderbares geborenes Baby wollen. Sie sind daher nicht bereit, die Mühen auf sich zu nehmen, ein ungeborenes Baby zur Welt zu bringen. Die meisten von ihnen glauben, dass das frühe Wesen, das sie aus ihrem Körper entfernen, entwicklungsbedingt nicht den gleichen moralischen Status hat, den die Gesellschaft wunderbaren geborenen Babys zuerkennt. Die meisten von ihnen glauben, dass Abtreibung ein schneller, einfacher, ambulanter chirurgischer Eingriff ist. Sie sehen es nicht als einen schrecklichen Gewaltakt, der ein erkennbar menschliches Baby tötet.[67]

Selbst Fotos von Kindern, die sich im Mutterleib entwickeln, sind oft wirkungslos, aus dem einfachen Grund, dass dieser Beweis lediglich eine Ansicht bestätigt, die die meisten Befürworter der Abtreibung bereits instinktiv, wenn nicht sogar intellektuell vertreten. Sie sehen das Foto, nehmen es zur Kenntnis, und es bestätigt, was sie bereits wissen: dass das Baby im Mutterleib tatsächlich ein Baby ist. Was Pro-Life-Aktivisten tun müssen, ist, Pro-Choice-Anhänger mit Informationen und Beweisen zu konfrontieren, die *direkt auf ihre kognitive Dissonanz abzielen* – und die mentale Mauer untergraben, die sie zwischen dem, was sie über das Baby im Mutterleib *wissen*, und dem, was sie über Abtreibung *glauben*, errichtet haben.

Deshalb ist die Fotografie von Abtreibungsopfern so wichtig: Denn in einem einzigen, oft schockierenden Bild wird der Betrachter gezwungen, das, was er *schon immer* über das Kind im Mutterleib *wusste* – dass es ein winziger Mensch war – mit dem in Einklang zu bringen, was Abtreibung *tatsächlich ist*, nämlich ein brutaler Gewaltakt, der dieses winzige menschliche Wesen physisch zerstört. Bilder von Abtreibungsopfern bringen diese mentale Barriere zum Einsturz, und die Kontroverse um die Verwendung von Fotos von Abtreibungsopfern besteht genau in der Reaktion, die oft daraus resultiert, dass Menschen Schwierigkeiten haben, zwei unterschiedliche Vorstellungen miteinander in Einklang zu bringen, von denen sie zum ersten Mal erkennen, dass sie auf schreckliche Weise unvereinbar sind. Die Tatsache, dass Abtreibung einen Menschen tötet, ist keine unbedeutende Wahrheit, auf die man sich einlassen muss. Schließlich wird jemand, der sich sehr lange in einem dunklen Raum aufgehalten hat, zurückschrecken, wenn man das Licht einschaltet. Seine Augen werden schmerzen. Das ist die Wirkung von Licht. Wie Cunningham schreibt:

> Wir müssen nicht ihre Meinung über das Wunder der *Neugeborenen* ändern. Wir müssen ihre Meinung über das Wunder der kleinen *ungeborenen* Babys ändern – und über den Horror, den Abtreibung diesen kleinen *ungeborenen* Babys antut. Wir wünschten, dass die Konfrontation mit dem Wunder der *ungeborenen* Babys – durch Ultraschall usw. – immer ausreichen würde, um Skeptiker zu gewinnen, aber leider ist oft auch der Schock von Abtreibungsfotos erforderlich.[68]

Wir sehen die fassungslose Erkenntnis, dass Abtreibung ein brutaler Gewaltakt ist, selbst in dem, was manche Leute sagen. „Das ist ein Bild von einem getöteten Baby!", sagte eine fassungslose Frau zu einem Fernsehmoderator, nachdem sie eine Anti-Abtreibungs-Postkarte erhalten hatte. Ein Reporter, mit dem ich sprach, fragte, was wir davon hielten, dass jüngere Menschen diese Bilder sehen. Als ich darauf hinwies, dass selbst in der sechsten und siebten Klasse drastische Bilder verwendet werden, um von Drogenkonsum, Rauchen und Alkohol am Steuer abzuraten, unterbrach mich der Reporter mit den Worten: „Ja – aber Ihre Bilder zeigen tote Babys, und das trifft die Menschen härter." Es versteht sich von selbst, dass dieser Teil unseres Gesprächs an diesem Abend nicht in den Nachrichten ausgestrahlt wurde.

FAO *trifft* die Menschen härter – aus genau dem Grund, auf den der Reporter, wenn auch unbeabsichtigt, hingewiesen hat: Es ist unmöglich, nicht zu erkennen, dass es sich bei diesen Bildern um tote Kinder handelt. Schlimmer noch, es sind *getötete* Kinder. Es wird nie populär sein, darauf hinzuweisen. Aber es bringt das Problem auf den Punkt wie nichts anderes – und macht die Wahrheit über Abtreibung unausweichlich. Scott Klusendorf vom Life Institute hat in seinem *Essay „Should Crisis Pregnancy Centers Use Graphic Visual Aids?"* (dt.: *„Sollten Schwangerschaftskonfliktzentren anschauliche visuelle Hilfsmittel verwenden"?*) ausführlich dargelegt, warum Bilder von Abtreibungsopfern so viel eindringlicher sind als Fotos von lebenden Kindern im Mutterleib oder außerhalb des Mutterleibs:

> Wenn es um moralische Überzeugungsarbeit geht, sind Bilder des Todes oft wirkungsvoller als Bilder des Lebens.
>
> Um ein vergleichbares Beispiel zu nennen: Die moderne Umweltbewegung begann in den späten 1960-er Jahren mit eindringlichen Bildern. Wie der Aktivist Jerry Mander in seinem Buch *„Four Arguments for the Elimination of Television"* (dt.: *„Vier Argumente für die Abschaffung des Fernsehens"*) ausführt, lösten die ersten Versuche, die Öffentlichkeit für den Erhalt der riesigen Mammutbäume zu mobilisieren, ein großes Gähnen in der Öffentlichkeit aus. Atemberaubende Fotos von majestätischen Bäumen waren zwar inspirierend, konnten aber kaum öffentliche Wut auf die Holzindustrie entfachen. Also zogen Aktivisten eine Lehre aus dem Vietnamkrieg. Anstatt Bilder von gefällten Bäumen in ihrer ganzen Pracht zu zeigen, begannen Umweltschützer, Vorher-Nachher-Fotos zu verbreiten. „Wir begannen, Fotos von Hektar großen Flächen mit Baumstümpfen herumzutragen, auf denen Hunderte von Mammutbäumen gefällt worden waren. Ich weiß nicht, ob Sie jemals ein Feld mit Baumstümpfen gesehen haben, aber es ist ein schrecklicher Anblick, nicht unähnlich einem Schlachtfeld."

Der öffentliche Aufschrei ließ nicht lange auf sich warten. „In diesem Moment", so Mander abschließend, „wurde mir klar, dass der Tod ein viel besseres Thema für das Fernsehen ist als das Leben. Bilder vom Leben - ob von Bäumen selbst oder der fein abgestimmten vietnamesischen Kultur - haben nichts bewirkt. Sie bringen die Menschen nur zum Einschlafen."

Das Gleiche gilt für das Thema Abtreibung. Die Verwendung von drastischen Bildern ist nicht manipulativ, sondern steht im Einklang mit anderen Mainstream-Kampagnen für soziale Reformen. Schockierende Bilder wurden traditionell von Sozialreformern verwendet, um die Ungerechtigkeiten von Kinderarbeit, rassistischer Gewalt gegen Afroamerikaner, der Beteiligung des US-Militärs in Vietnam usw. zu dramatisieren. Was sich geändert hat, ist, dass zum ersten Mal in der jüngeren Geschichte politische Konservative diese Taktik anwenden, um eine Öffentlichkeit, die Abtreibung toleriert, zu reformieren.

Diese Taktik ist angemessen, da wir in einer Kultur leben, die visuell denkt und lernt. Wie Neil Postman in *„Amusing Ourselves to Death"* (dt.: *„Wir amüsieren uns zu Tode")* ausführt, hat sich Amerika mit dem Aufkommen des Fernsehens von einer *wortbasierten* Kultur - mit Schwerpunkt auf kohärentem linearem Denken - zu einer *bildbasierten* Kultur entwickelt, in der das Denken von Gefühlen, Intuition und Bildern dominiert wird.

Postmans (und meine) Ansicht ist, dass visuelle Lerntypen eine kurze Aufmerksamkeitsspanne haben. Sie treffen Entscheidungen auf der Grundlage von Intuition, Gefühl und Bildern. Das schließt die Präsentation von Fakten und Argumenten nicht aus, aber es ändert die Art und Weise, *wie* sie kommuniziert werden. Das bedeutet, dass wir die Art und Weise ändern müssen, wie Menschen *fühlen*, um zu erreichen, dass sie anders *denken*. Verstörende Bilder verändern Gefühle auf eine Weise, die Worte nicht können.[69]

Die Wahrheit über Abtreibung ist eine harte, insbesondere in einer Kultur, die ihren Pakt mit der Abtreibungsindustrie mit dem Blut von Millionen besiegelt hat. Lebensrechtler, die einen Weg suchen, die Kultur ohne Konfrontation zu ändern oder die besten Beweise für die Wahrheit über Abtreibung vor der Öffentlichkeit zu verbergen, müssen sich darüber im Klaren sein, dass die Schuld unserer Kultur weit und tiefgreifend ist – für jedes dieser Millionen ausgelöschten Leben gab es – gibt es – zwei Elternteile eines toten Kindes. Vier Großeltern. Freunde, die applaudierten oder vorschlugen, das Leben zu beenden. Das medizinische Personal, das den Eingriff durchführte. Der Freund, Ehemann oder Partner, der möglicherweise Druck ausgeübt oder Zwang angewendet hat oder der seine Partnerin und sein Kind einfach in eine Klinik gefahren hat, wo das Kind geschreddert und dann entsorgt wurde.

Aber nur die Anerkennung dessen, was Abtreibung wirklich ist, wird unsere Kultur heilen, denn nur mit Anerkennung, nur mit der *Wahrheit* kann es Reue geben. Ohne Reue *kann es keine Heilung geben.* Pro-Life-Aktivisten kennen die Wahrheit. Millionen von Menschen tun es nicht. Es liegt an unserer Bewegung, diese Menschen mit den Beweisen zu konfrontieren, die die tödliche kognitive Dissonanz zerstören, die zu so viel Tod führt.

Marketing und soziale Reformen sind nicht dasselbe

Einer der wichtigsten Einwände, die oft gegen die Strategie der Verwendung von Fotos von Abtreibungsopfern erhoben wird, ist, dass sie *Menschen abstoßen*. Dieser Einwand beruht auf einem Missverständnis darüber, was Pro-Life-Aktivisten, die Fotos von Abtreibungsopfern (FAO) verwenden, erreichen wollen. Pro-Life-Aktivisten verwenden FAO speziell deshalb, *weil* diese Bilder Menschen abstoßen – und Menschen von der Abtreibung abbringen. Eine Aktivistin für das Recht auf Abtreibung schickte mir einmal eine Nachricht, in der sie genau das sagte: „Ich hasse Ihre Bilder, weil sie Menschen von Abtreibung abstoßen." Genau darum geht es.

Ein Großteil der Pro-Life-Strategie besteht darin, dass Aktivisten und Organisationen versuchen, die Pro-Life-Weltanschauung an die Öffentlichkeit zu vermarkten. Pro-Life-Aktivisten verwenden Fotos von glücklichen Müttern und Vätern, lächelnden, hübschen Kinder und positive, aufmunternde Botschaften, um die Öffentlichkeit anzusprechen und sie mit den wunderbaren Alternativen zur Abtreibung bekannt zu machen, die es gibt. Diese Botschaften sollen *die Menschen ansprechen*, und die Marktforschung dahinter konzentriert sich darauf, festzustellen, wie attraktiv diese Botschaften für die Zielgruppe sind. Diese Art der Marktforschung ist in der Regel nicht besonders wohlwollend gegenüber der Verwendung von FAO, da diejenigen, die diese Forschung durchführen, nicht verstehen, warum FAO verwendet wird, und daher dieselben Marketingstandards anwenden wie bei Botschaften, die ansprechen und nicht abstoßen sollen.

Sozialreform ist etwas ganz anderes als Marketing. Die Botschaft der Sozialreform ist darauf ausgelegt, *Menschen von etwas abzustoßen* und sie von einer bestimmten Handlung *abzuhalten*. Im Zusammenhang mit dem Lebensschutz wäre das natürlich die Abtreibung. Genauso wie die Abolitionisten nicht mit glücklichen, vereinten ehemaligen Sklavenfamilien warben, die existieren könnten, wenn der Sklavenhandel abgeschafft wurde, sondern stattdessen schreckliche Bilder von gefolterten Sklaven verwendeten, und genauso wie diejenigen, die die Öffentlichkeit über den Holocaust aufklären wollen, auf groteske Fotos von klaffenden, mit Skeletten gefüllten Todesgruben der Nazis statt auf Fotos der lächelnden Familie von Anne Frank aus der Vorkriegszeit setzen, versuchen Pro-Life-Aktivisten, die FAO einsetzen, Menschen von einer Ungerechtigkeit oder von der Unterstützung dieser Ungerechtigkeit *abzuhalten*.

Bilder, die Menschen ansprechen, vermitteln nicht genau das Grauen der Ungerechtigkeit, sondern überlassen dieses Grauen der Vorstellungskraft des Betrachters. Für diejenigen, die versuchen, Schönheit zu vermitteln, kann Marketing effektiv sein. Aber für diejenigen, die erkennen, dass echte soziale Reformen erfordern, dass ein viel breiterer Teil der Öffentlichkeit tiefgreifend von dem, was sie sehen, beeinflusst wird, und sich darüber im Klaren sind, dass unser Bildungsansatz die kulturelle kognitive Dissonanz bekämpfen muss, die die Verbreitung von Abtreibungen ermöglicht hat, sind Marketingtaktiken notwendig, aber bei weitem nicht ausreichend.

Fotos von Abtreibungsopfern zu zeigen, wirkt nicht sehr nett

Wenn es ein Wort gibt, das ich in der Lebensrechtsbewegung nicht mehr hören kann, dann ist es das Wort „nett". Wir müssen „nett" sein, fordern die Leute uns auf. Wenn wir nicht „nett" sind, werden unser Aktivismus und unsere Öffentlichkeitsarbeit scheitern. Wenn wir nicht „nett" sind, wird niemand seine Meinung zur Abtreibung ändern oder uns zuhören. Wenn wir nicht „nett" sind, werden wir nie einen Pro-Life-Konsens erreichen.

Das ist, um es ganz offen zu sagen, nicht wahr. Lebensrechtler müssen unbedingt mitfühlend sein. Wir müssen ohne Zweifel wohltätig sein. Wir müssen ehrlich sein - das ist unerlässlich. Wenn es das ist, was wir meinen, wenn wir das Wort „nett" verwenden, dann ist es schwer, dem zu widersprechen. Aber das ist nicht das, was die Kritiker von Pro-Life-Aktivismus tatsächlich meinen. Die Kritiker meinen, dass wir *kontrovers* sind. Und in der Tat, wie könnten wir das nicht sein? Die Mehrheit der Nordamerikaner ist für das Recht auf Abtreibung. Viele Menschen möchten das Thema aus offensichtlichen Gründen überhaupt nicht diskutieren. Abtreibung ist ein sehr unangenehmes Thema. Die grausame Realität der Abtreibung - dass es sich um die physische Zerstörung eines sich entwickelnden menschlichen Wesens handelt - ist schockierend und verstörend. Menschen mögen es nicht, schockiert und verstört zu werden, und ziehen es daher vor, die Diskussion, die solche Gefühle hervorruft, zu beenden. Die Debatte muss „beendet" werden, wie Abtreibungsbefürworter gerne vorschnell verkünden.

Die Kritiker sind auch der Meinung, dass Lebensrechtler auf *Konfrontationskurs* gehen. Aber wie könnten wir das nicht tun? Wir leben in Ländern, in denen mehr oder weniger Frieden herrscht, mit Ausnahme einer bestimmten Minderheit, mit der schrecklichen Tatsache, dass wir das Leben von mehr als sechzig Millionen winzigen Menschen beendet haben, die im Mutterleib zerfetzt und wie Müll weggeworfen wurden. Tatsächlich haben wir uns sogar damit abgefunden, dass die Regierung unsere Löhne kürzt, um diese Barbarei mit unseren Steuergeldern zu finanzieren. Selbst die Worte scheinen schockierend – das sind keine sehr „netten" Dinge, die man sagen sollte. Und doch sind sie wahr und müssen ausgesprochen werden. Leben hängen buchstäblich davon ab.

Es ist wichtig, sich daran zu erinnern, dass heftige Reaktionen oft *unvermeidlich* sind, wenn wir ein heikles Thema wie Abtreibung ansprechen. Das ist kein Nebeneffekt der Verwendung von Abtreibungsbildern, sondern ein Nebeneffekt der Gewalt, die die Abtreibungskultur mit sich bringt. Einer meiner Freunde wurde ins Gesicht geschlagen, weil er mit Kreide freundliche Pro-Life-Botschaften auf den Gehweg geschrieben hatte. Eine Frau bei Life Chain – einer friedlichen Demonstration mit Schildern mit einfachen Slogans wie „Adoption: die liebevolle Option" – wurde von einem Mann mit einem Messer angegriffen, der wütend war, dass jemand die Wahrheit über Abtreibung aufdeckte. Es gibt Dutzende ähnlicher Beispiele, bei denen Lebensrechtler Gewalt ausgesetzt waren, selbst wenn sie keine Fotos von Abtreibungsopfern verwendeten.

Lebensrechtler, die glauben, dass die Gesellschaft ihre Arbeit eher akzeptiert, wenn sie Beweise für die Folgen von Abtreibungen verschweigen, machen sich etwas vor. Als das Canadian Centre for Bio-Ethical Reform Pro-Life-Anzeigen auf Bussen schaltete, die keine Fotos von zerstückelten Föten, sondern nur Bilder von friedlichen Kindern im Mutterleib zeigten, sprachen die Zeitungen immer noch von „drastischen Darstellungen von Föten". In Frankreich hat die Regierung sogar die öffentliche Ausstrahlung einiger Bilder von Kindern mit Down-Syndrom verboten, um sicherzustellen, dass die Tausenden von Menschen, die sich für eine Abtreibung ihrer eigenen Kinder mit Down-Syndrom entschieden hatten, sich nicht schuldig fühlen.

Die einfache Wahrheit ist, dass in einer Kultur, in der Abtreibung weit verbreitet ist, selbst Fotos von schönen Kindern einen „Trigger" darstellen können. Es gibt Hunderte, wenn nicht Tausende von Beispielen dafür, dass Abtreibungsbefürworter auf eine Pro-Life-Botschaft mit Gewalt reagieren. Wie jeder Pro-Life-Aktivist, der sich in irgendeiner Weise an die Öffentlichkeit wendet, bestätigen kann, ist *allein das Thema* die Quelle von Spannungen, von denen wir wissen, dass sie existieren müssen. Aus diesem Grund engagieren sich Pro-Life-Aktivisten überhaupt erst.

Wie der Philosoph Arthur Schopenhauer einmal sagte: „Jedes Problem durchläuft bis zu seiner Anerkennung drei Phasen: In der ersten wird es lächerlich gemacht, in der zweiten bekämpft, in der dritten gilt es als selbstverständlich." Leider wollen viele Menschen den Schritt von der Verspottung zur Anerkennung überspringen, ohne die unvermeidliche Verfolgung zu akzeptieren, die zuerst eintreten wird. „Reformatoren, die beliebt sind, sind selten effektiv", hat Gregg Cunningham betont. „Und effektive Reformatoren sind selten beliebt."

Wir scheinen die Geschichte der sozialen Reformbewegungen und die Nöte und Rückschläge, die Aktivisten in der Vergangenheit erdulden mussten, vergessen zu haben. Weil Martin Luther King jr., William Wilberforce und Lewis Hine heute als Helden gelten, vergessen wir, dass sie zu ihrer Zeit oft verachtet wurden. King und die Bürgerrechtsaktivisten mussten ein Maß an körperlicher Gewalt ertragen, das sich Pro-Life-Aktivisten kaum vorstellen können. Wilberforces Abolitionisten wurden regelmäßig bedroht, und sein Stellvertreter Thomas Clarkson wurde einmal von wütenden Sklavenhändlern beinahe von den Docks in Liverpool geworfen. Lewis Hine, der Fotograf, der Bilder von Kinderarbeitern zeigte, wurde von den Kräften der amerikanischen Industrie bekämpft, die ihn dafür hassten, dass er ihre brutalen Praktiken aufgedeckt hatte.

Keiner dieser Männer, keiner dieser Aktivisten und keine dieser Bewegungen wurde als „nett" angesehen. Mit schockierenden Bildern und beunruhigenden Beweisen erzwangen sie eine gesellschaftliche Diskussion, *die niemand führen wollte*. Sie konfrontierten ihre Gesellschaften mit Wahrheiten, die niemand hören wollte. Sie litten infolgedessen unter viel Spott, Hass und sogar Gewalt. Sie alle wurden gewarnt, dass ihre Taktiken nicht erfolgreich sein würden, weil sie kontrovers oder spaltend oder „nicht nett" seien. Aber sie erkannten, dass sie die Kultur niemals verändern würden, wenn sie sich ihr nicht stellten.

Lebensrechtler müssen sich darüber im Klaren sein, dass Kontroversen *unvermeidlich* sind, dass Konfrontationen *notwendig* sind und dass es zu Gegenreaktionen *kommen wird*. Millionen von Menschen haben keine Ahnung, was Abtreibung ist. Die Abtreibungskultur hat im Verborgenen geblüht, während Kinder direkt vor unserer Nase ausgelöscht werden. Das mag nicht schön zu hören sein. Aber es ist die Wahrheit.

Eine visuelle Strategie für ein visuelles Zeitalter

Der erbitterte Widerstand gegen die Verwendung von Fotos von Abtreibungsopfern aus dem Pro-Choice-Lager ist leicht zu verstehen. Wie in Kapitel 2 ausführlich dargelegt, sind sie sich der Gefahr bewusst, die diese Beweise für das Lügengebäude darstellen, das sie im letzten halben Jahrhundert sorgfältig aufgebaut haben. Der Widerstand von Menschen, die sich als „Pro-Life"-Aktivisten bezeichnen, ist dagegen manchmal etwas schwieriger zu entschlüsseln. Es gibt diejenigen, die darauf bestehen, dass „Bilder nicht funktionieren", was in der Regel auf mangelnde Erfahrung mit Projekten zurückzuführen ist, die FAO nutzen. Abgesehen davon, dass Pro-Life-Aktivisten, die jeden Tag selbst mit anpacken, darauf hinweisen würden, dass dies einfach nicht wahr ist, ist es auch erwähnenswert, dass dieselbe Kritik niemals an die zahlreichen anderen Interessengruppen gerichtet wird, die dieselbe Strategie anwenden – ganz zu schweigen von der Tatsache, dass die gesamte Marketingbranche auf der Prämisse basiert, dass starke Bilder die Denkweise der Menschen verändern und ihr Verhalten beeinflussen oder verändern können. Es ist einzig und allein die Fotografie von Abtreibungsopfern, die als besonders kontrovers gilt.

Für viele Kritiker kommen die Einwände aus derselben Ecke wie die Kritik von Abtreibungsbefürwortern: Die Fotografie von Abtreibungsopfern ist ihnen einfach unangenehm. Eine Kultur, die Abtreibung akzeptiert und praktiziert, möchte nicht mit den Beweisen dafür konfrontiert werden, was Abtreibung ist. Aber sehr oft sind auch Christen, die ihrem Alltag nachgehen und die verborgene Tragödie um sie herum ignorieren, durch solche Erinnerungen gleichermaßen beunruhigt. Schweigen ist Mittäterschaft, und eindringliche Erinnerungen an unsere Verantwortung gegenüber unseren ungeborenen Nächsten, die in den Tod getrieben werden, sind für diejenigen, die einfach nur in Ruhe gelassen werden wollen, um ihr bequemes Leben zu leben, äußerst unangenehm.

Die Geschichte der Sozialreform zeigt uns, dass *noch nie eine Ungerechtigkeit beendet wurde, indem Beweise für diese Ungerechtigkeit vertuscht wurden.* Abgesehen davon, dass Bilder die effektivste Methode sind, um die leeren Lügen, die der Rhetorik der Pro-Choice-Weltanschauung zugrunde liegen, hervorzuheben, leben wir in einem einzigartigen visuellen Zeitalter. Die überwiegende Mehrheit der Nordamerikaner nimmt Informationen nicht mehr durch Lesen auf, sondern durch das *Sehen*.

Ich hatte einmal eine hitzige Diskussion mit einem christlichen Intellektuellen, der wissen wollte, warum wir in unserer Kultur nicht einfach eine sinnvolle, intellektuelle Debatte über Abtreibung führen können. Meine Antwort war einfach: Lebensrechtler würden gerne die Gelegenheit zu einer sinnvollen Debatte über Abtreibung haben. Wissenschaft, Philosophie und grundlegende Ethik sind fest auf der Seite der Lebensrechtler. Viele meiner Kollegen bei CCBR haben erfolgreich mit Abtreibungsanbietern und Professoren an Universitäten über das Thema debattiert. Das Ergebnis? Zu solchen Veranstaltungen kommen nur sehr wenige Menschen. Die große Mehrheit der Nordamerikaner trifft ihre Entscheidungen nicht auf der Grundlage intellektueller Debatten, und die große Mehrheit der Menschen wird sich nicht freiwillig melden, um an einer Veranstaltung teilzunehmen, nur um jemandem die Möglichkeit zu geben, seine Meinung zu einem Thema zu ändern, das ihm sehr wichtig ist. Ihr ureigenes Interesse daran, die Lügen der Abtreibungsindustrie zu glauben, ist oft viel zu persönlich.

Ein Fehler, den viele Kritiker begehen, ist die Annahme, dass die Mehrheit der Abtreibungsbefürworter ihre Ansichten aus intellektuellen Gründen vertritt. Tausende Stunden Öffentlichkeitsarbeit haben uns gezeigt, dass dies nicht der Fall ist: Oft sind die Menschen einfach nur für Abtreibung, weil ihnen das so beigebracht wurde - wenn nicht von ihren Eltern, dann von ihren Lehrern in der Schule und ganz sicher von ihren Professoren an der Universität. Die heutige Generation war nicht in die turbulenten Debatten der 1970-er und 1980-er Jahre involviert und die meisten sind zu jung, um sich an die Auseinandersetzungen der frühen 1990-er Jahre zu erinnern. Nur sehr wenige Menschen führen die etwas ausgefeilteren Argumente von Pro-Choice-Philosophinnen wie Judith Jarvis Thomson an. Die meisten von ihnen bringen entweder jahrzehntealte Slogans wie „my body, my choice!" - „Mein Körper, meine Entscheidung!" oder appellieren einfach an persönliche Gründe oder moralischen Relativismus.

Die Fotografie von Abtreibungsopfern ist in der Lage, das Geschwätz und den Lärm der modernen Gesellschaft auf eine Weise zu durchdringen, wie es intellektuelle Debatten, obwohl sie weitaus vorzuziehen sind, nicht können. „Es gibt einen Weg vom Auge zum Herzen, der nicht über den Intellekt führt", bemerkte G. K. Chesterton einmal. Wenn die Fotografie von Abtreibungsopfern mit einer wirksamen Pro-Life-Apologetik kombiniert wird, ist diese Kombination verheerend für die Pro Choice-Weltanschauung.

Der große Medienkritiker Marshall McLuhan, Autor von „*Das Medium ist die Botschaft*" und wohl der größte moderne Intellektuelle, den Kanada hervorgebracht hat, war der Meinung, dass die intellektuelle Debatte das „Abtreibungsdenken" nicht bekämpfen könne, weil es „in einem noch tieferen Sumpf der Massenhysterie stattfindet, der durch die inneren Reisen des Fernsehbildes entsteht". Da „unser gesamtes Denken über Abtreibung in der vernebelten Welt des Fernsehens stattfindet", schlug McLuhan vor, dass Fernsehsender aussagekräftige Videos über den Ablauf einer Abtreibung ausstrahlen sollten, um die öffentliche Meinung zu beeinflussen. Um den Anschein der Voreingenommenheit zu vermeiden, bemerkte McLuhan: „Diese Filme müssen nicht pro oder contra ausgerichtet sein, wenn sie den tatsächlichen Vorgang zeigen dürfen." McLuhan hat seitdem Recht behalten: Wie der Auszug, der das folgende Kapitel einleitet, zeigt, reagieren diejenigen, die Abtreibungsvideos sehen, oft damit, dass sie ihre Abtreibung absagen. [70]

Kapitel 5

Antworten auf häufig gestellte Fragen zur Fotografie von Abtreibungsopfern

Am vergangenen Mittwoch zeigte eine Sendung von Dispatches auf Channel 4 schockierende Bilder von Überresten von Föten, die in Stücken aus der Gebärmutter gezogen oder gesaugt wurden: Lange, glatte Spuren von Blut und geleeartigem Gewebe, die hier einen winzigen Fuß oder dort eine Hand mit fünf durchsichtigen Fingern enthielten. „Heute ist weniger los als sonst", sagt der Klinikleiter, der angibt, dass Frauen abgesagt haben, nachdem sie den Film gesehen haben.

The Independent
21. Oktober 2007

Im Laufe der Jahre haben wir viele Fragen von Journalisten, Studenten und Bürgern zum Einsatz der Fotografie von Abtreibungsopfern erhalten. Wir haben uns bemüht, die Gründe für den Einsatz kurz und respektvoll zu erläutern, damit Lebensrechtler erkennen können, wie effektiv diese Taktik ist und wie viele Leben dadurch gerettet werden konnten. Im Folgenden finden Sie Antworten auf einige der am häufigsten gestellten Fragen.

Eure Schilder machen die Leute nur wütend. Wie wollt ihr damit euer Ziel erreichen?

Wie ich in Kapitel 4 geschrieben habe, ist es unrealistisch anzunehmen, dass wir ein kontroverses Thema ansprechen können, ohne dass es zu Kontroversen kommt. Ausnahmslos jede soziale Reformbewegung hat die Erfahrung gemacht, dass ihr Aufdecken von Wahrheiten bei einigen Kreisen auf Wut stößt. Allgegenwärtige Ungerechtigkeit erzeugt viel kollektive Schuld. Und von denjenigen, die ihr Möglichstes tun, um die Opfer zu verbergen und ihr Gewissen zum Schweigen zu bringen, kann nicht erwartet werden, dass sie gelassen reagieren.

Eine bessere Frage wäre: *Sollte* Abtreibung die Menschen nicht wütend machen? *Sollte* die Tatsache, dass jeden Tag winzige Menschen zerstückelt werden, die Menschen nicht verstören? Wenn wir eine emotionale Reaktion auslösen, weil wir *unbarmherzig* sind, dann müssen wir sofort aufhören, was wir tun, und unsere Strategie überdenken. Aber wenn die Menschen wütend sind, weil sie keine Beweise dafür sehen wollen, was hinter verschlossenen Türen vor sich geht, haben wir es mit etwas ganz anderem zu tun.

TIME-Fotograf James Nachtwey dokumentierte Bilder, die er in den 1990-er Jahren aufgenommen hatte, in seinem Buch *„Inferno"*. Nachtwey reiste in viele gefährliche Teile der Welt und fotografierte verstörende Szenen an Orten wie Ruanda, Sudan und Bosnien. „Ich versuche, die Menschen zu verstören", bemerkte er. „Ich versuche, ihren Alltag zu durchbrechen."[71] Genau das müssen auch Lebensrechtler tun – den Alltag der Menschen mit der traurigen Wahrheit durchbrechen, dass Menschen getötet werden, während sie selbst ihren Geschäften nachgehen. Allzu oft betrachten wir Selbstgefälligkeit als „Frieden", obwohl das nicht der Fall ist. Selbstgefälligkeit und Schweigen sind eine tödliche Kombination.

Es ist auch erwähnenswert, dass sich Meinungen ändern, selbst wenn Menschen wütend auf diejenigen sind, die FAO-Postkarten verteilen oder Schilder hochhalten. Wir haben immer wieder festgestellt, dass Menschen oft wütend sind, *weil* ihre Meinung beeinflusst wird und sie die Pro-Life-Position als sehr unangenehm empfinden. Mitarbeiter von Schwangerschaftskonfliktberatungszentren haben uns berichtet, dass Mädchen, die von Universitäten kommen, an denen wir unsere Projekte vorgestellt haben, oft verärgert oder wütend darüber sind, dass sie Abtreibung nicht mehr als Option ansehen. Nachdem sie gesehen haben, was Abtreibung anrichtet, können sie es nicht mehr durchziehen. Ein Mädchen, das uns während einer Ausstellung auf dem Campus angeschrien und beschimpft hatte, kam ein Jahr später auf uns zu und gestand, dass sie, als sie einige Monate später schwanger wurde, keine Abtreibung vornehmen lassen konnte – obwohl sie uns dafür gehasst hatte, dass wir ihr die Bilder gezeigt hatten, konnte sie sich der Wahrheit, die diese Bilder vermittelten, nicht entziehen. Ihr Baby wurde dadurch gerettet.

Wir haben viele ähnliche Erfahrungen mit unseren Ausstellungen auf dem Campus gemacht. Einmal kam eine Studentin der Krankenpflege namens Julie, um mit uns zu sprechen. Im Jahr zuvor hatte sie sich heftig an einer Debatte beteiligt und stundenlang wütend die Position der Abtreibungsbefürworter verteidigt. Anscheinend ging die Debatte in ihrem Kopf sogar noch weiter, nachdem sie nach Hause gegangen war:

Ähm, ich erinnere mich noch daran, als ihr vor etwa drei Jahren hier wart. Und ich war wie viele der wütenden Menschen hier draußen. Ich ging vorbei und war so wütend. Ich war Abtreibungsbefürworterin und, ähm, ich schaute mir das an und empfand es als widerlich. Ich dachte, dass ... euer Argument so schwach sein muss, dass ihr so etwas tun müsst. Aber im Grunde geht es um Folgendes: Wir wollen nicht, dass uns jemand Gefühle aufzwingt. Und diese Bilder machen einen traurig und man fühlt sich schuldig, und das sind schlechte Gefühle, und jemand anderes drückt sie einem auf, und es ist ein Fremder, aber man kann sich das nicht ansehen und es wirklich ernsthaft unterstützen. Ich habe diese Bilder gesehen und bin nach Hause gegangen und habe mir ein Video über eine Abtreibung angesehen, und ich habe geweint, bis ich dachte, ich müsste kotzen. Und ich habe mich deswegen geändert und bin jetzt Lebensrechtlerin. Es läuft alles darauf hinaus, dass man nicht möchte, dass jemand anderes ein schlechtes Gefühl aufzwingt. Diese Bilder tun das. Aber es hat mein Leben verändert. Ich unterstütze es und weiß es zu schätzen.

Die Bilder, so erzählte sie uns, „verfolgten sie nach Hause". Julie ist nicht allein. Wir haben dieselbe Geschichte von Hunderten von Menschen gehört, die uns erzählten, dass ihre Wut eine Reaktion auf das war, was sie sahen, aber dass, sobald sich das Bild in ihren Köpfen festsetzte, es die Art und Weise, wie sie Abtreibung sahen, grundlegend veränderte. Im Gegensatz zu einem Vortrag oder einer Präsentation haben Bilder eine nachhaltige Wirkung. Diese Wirkung hat bereits unzählige Leben gerettet.

Finden ihr es nicht widerlich, diese Bilder zu zeigen?

Die Bilder mögen widerlich sein, ja. Aber es ist nicht widerlich, sie zu *zeigen* – sie sind genauso wichtig wie fotografische Beweise für andere Ungerechtigkeiten, die auf einer instinktiven Ebene widerlich, aber wichtige Instrumente zur Veränderung der öffentlichen Meinung waren. Um mit einer Gegenfrage zu antworten: Ist es widerlicher, Menschen visuell über die Wahrheit über Abtreibung aufzuklären, oder dass Abtreiber jeden Tag ungeborene Kinder töten? „Pro-Life"-Aktivisten antworten darauf, dass es *in Wirklichkeit* widerlich ist, dass Abtreibungen stattfinden und dass die Menschen sich mehr darum Sorgen machen, ihr Leben bequem zu gestalten, als um das Leben von Babys. Es ist leider bezeichnend für den Zustand des modernen Christentums, dass viele Menschen über die *Taktiken* der „Pro-Life"-Aktivisten wütender sind als über die *Handlungen* der Abtreiber.

Sind euch Frauen, die abgetrieben haben, egal? Glaubt ihr nicht, dass eure Bilder ihnen Schmerzen bereiten?

Abtreibung schadet Frauen, *weil* Abtreibung Kinder tötet. Fast die Hälfte der Frauen, die eine Abtreibung vornehmen lassen, haben bereits mindestens eine vorangegangene Abtreibung hinter sich. Frauen, die bereits abgetrieben haben, sind sehr oft auch Frauen, die *vor einer Abtreibung* stehen. Frauen, die bereits abgetrieben haben, sind eine unserer Hauptzielgruppen, da das Risiko, dass sie erneut abtreiben, sehr hoch ist. Unser Ziel ist es, Frauen, die bereits abgetrieben haben, mit der Wahrheit zu erreichen, damit die Wahrheit das Leben ihrer anderen Kinder retten kann.

Das erste Mädchen, mit dem ich jemals vor einem FAO-Display sprach, hat meine Sichtweise auf die Verwendung von grafischen Darstellungen in der Öffentlichkeit für immer verändert. Ich erinnere mich noch genau an das Datum: Es war der 1. Februar 2010. Als ich sie fragte, was sie von Abtreibung halte, und mich darauf vorbereitete, sie intellektuell zu fordern, war ich nicht auf ihre sanfte Antwort vorbereitet: „Nun, ich hatte am 5. Januar eine."

Ich hatte keine Ahnung, wie ich reagieren sollte. Ich war darauf vorbereitet worden, zu erklären, dass ihr Kind ein biologischer Mensch war, aber für ihr Kind war es zu spät. Ich war darauf vorbereitet worden, zu veranschaulichen, dass ihr ungeborenes Kind eine Person war, aber das Leben ihres ungeborenen Kindes war bereits beendet.

Ich begann mich unwohl zu fühlen wegen der Schilder, vor denen ich stand. Ich fragte sie, was sie davon hielt. Sie fing an zu weinen. Sie war wütend. *„Niemand hat mir das gesagt. Niemand hat mir gesagt, dass es so aussieht"*, sagte sie mit gebrochener Stimme.

Sie fuhr fort und sprach jetzt schneller: „Alle Gründe, die ich hatte, um abzutreiben – finanzielle, schulische, meine Schwierigkeiten mit meinem Freund – schienen damals so logisch. Niemand hat mir jemals diese Bilder gezeigt oder mir gesagt, was eine Abtreibung tatsächlich bedeutet. Und jetzt muss ich für den Rest meines Lebens mit der Erkenntnis leben, dass ich meinem Baby Raven die Chance auf Leben verweigert habe. Und dafür gibt es keinen Grund, der gut genug ist."

Damals wurde mir klar, was mir seither tausendmal klar geworden ist: Es schadet einer Frau nach einer Abtreibung nicht, ein Foto eines abgetriebenen Babys zu sehen. Es tut ihr nur weh, *wenn sie es nicht rechtzeitig sieht*, wie die Asiatin mittleren Alters, die mir erzählte, dass sie zwei Abtreibungen hatte, aber keine davon gehabt hätte, wenn sie unsere Schilder gesehen hätte, als sie die Entscheidung traf. Oder wie das Mädchen vor einer Highschool, das sich fragte, warum ihr niemand jemals gesagt hatte, was eine Abtreibung konkret bedeutet. Jedes Jahr sterben viele Kinder und viele Frauen und Mädchen werden schwer traumatisiert, *weil wir ihnen nicht die Wahrheit zeigen.*

Zweitens: Wir müssen uns in den philosophischen Bereich begeben und eine der Prämissen des Arguments untersuchen, dass FAO Frauen nach einer Abtreibung verletzen können: Wenn Abtreibung eine gute Tat ist, warum sollte dann ein Bild davon Schmerz verursachen? Wenn Menschen sich beim Betrachten der Bilder schlecht fühlen, bedeutet das nicht, dass ihr Gewissen sie für diese *Handlung* anklagt? Viele Frauen leugnen die Unrechtmäßigkeit von Abtreibungen, und diese Leugnung wird durch eine Kultur aufrechterhalten, die ihnen sagt, dass ihre Handlungen in Ordnung waren, und die ihnen die Wahrheit über Abtreibungen vorenthält. Obwohl viele Frauen instinktiv das Gegenteil von dem empfinden, was die Gesellschaft ihnen sagt, sprechen sie diese Gefühle oft nicht an, weil es zu sehr schmerzen würde, dies zuzugeben. Diese Spannung wird dann unterdrückt, was die Situation verschlimmert. So schmerzhaft es auch sein kann, die Wahrheit zu akzeptieren, kann diese Erkenntnis Frauen durch eine Beratung nach der Abtreibung aus der Verleugnung in die Heilung führen. Die Fotografie von Abtreibungsopfern war für viele Frauen nach einer Abtreibung der Katalysator für Heilung.

Sich dafür zu entscheiden, eine Lüge aufrechtzuerhalten, anstatt die Wahrheit zu sagen, bedeutet, kurzfristigen inneren Frieden dem langfristigen Schmerz vorzuziehen. Die Wahrheit zu sagen ist ein Beweis dafür, dass uns Frauen und ihr langfristiges Glück - und das Leben ihrer Kinder - *am Herzen liegen.*

Mit welchem Recht maßt ihr euch an, über andere zu urteilen?

Es ist ein Zeichen unserer Zeit, dass man, wenn man eine Handlung verurteilt, fast unweigerlich beschuldigt wird, auch *die Person* zu verurteilen. Abtreibung als Gewaltakt zu verurteilen ist nicht dasselbe wie Menschen zu verurteilen, die abgetrieben haben. Wie ich bereits erwähnt habe, sind Frauen, die abgetrieben haben, auch Mitglieder der Lebensrechtsbewegung. Oftmals setzt die Pro-Choice-Bewegung die Handlung mit den Menschen gleich, um zu behaupten, dass Lebensrechtler Menschen angreifen. Das ist natürlich nicht der Fall. Die Fotos von Abtreibungsopfern zeigen die Gewalttätigkeit der Abtreibung so deutlich, dass sie das Verfahren stigmatisieren – und genau das ist es, was wir erreichen wollen.

Mich beunruhigt es, dass ihr so anschauliche Abtreibungsbilder verwendet, denn ich denke, dass die Bilder von abgetriebenen Kindern die Würde eines ungeborenen Menschen verletzen, ihn auf ein Objekt reduzieren und den menschlichen Überresten den Respekt verweigern, den sie verdienen, wie z.B. eine angemessene Bestattung.

Es gibt einen entscheidenden Unterschied zwischen dem *Begehen* von Übeltaten und dem *Aufdecken* von Übeltaten. Erstere reduziert das Ungeborene auf Dinge, nicht letztere.

Was die Menschenwürde ungeborener Menschen verletzt, ist der *Akt der Abtreibung*, der sie physisch zerstört. Was den menschlichen Überresten den ihnen gebührenden Respekt verweigert, sind die Befürworter der Abtreibung, die den kostbaren menschlichen Körper entsorgen, als wäre er „medizinischer Abfall". Was menschliches Leben auf „Dinge" reduziert, ist die Kultur des Todes – eine Kultur, in der Männer und Frauen bereit sind, Kinder für Unannehmlichkeiten zu opfern.

Einprägsame Bilder werden regelmäßig verwendet, um Ungerechtigkeiten zu verdeutlichen und Menschen guten Willens zum Eingreifen zu bewegen: Zeitungen und Zeitschriften zeigen Bilder von Menschen, die durch Naturkatastrophen getötet wurden; Fernsehsender zeigen Aufnahmen von Zivilisten, die in Kriegsgebieten von Bomben getroffen wurden; Kampagnen gegen den Hunger zeigen Bilder von unterernährten Kindern mit aufgeblähten Mägen, die unter erbärmlichen Bedingungen leben; das Holocaust Memorial Museum in Washington, D.C., zeigt

Bilder von Leichen von Juden, die während des Zweiten Weltkriegs getötet wurden. Solche drastischen Bilder verletzen keineswegs die Menschenwürde oder reduzieren Menschen auf Dinge, sondern zwingen Menschen mit einem funktionierenden Gewissen dazu, ihr Geld, ihre Zeit und ihr Talent dafür einzusetzen, diese Krisen zu beenden.

Wenn es zu Massenverbrechen kommt, ist es die größte Form des Respekts, die man den Toten erweisen kann, *diese Verbrechen zu beenden.* Schließlich sollte das (durchaus lobenswerte) Beharren auf Respekt für die Toten zumindest mit *derselben Entschlossenheit einhergehen*, Respekt für die Lebenden zu erreichen. Es ist ein schwacher Trost für die Opfer von Ungerechtigkeit, von denjenigen ein „anständiges Begräbnis" zu erhalten, die sich bestenfalls schwach gegen ihre Ermordung ausgesprochen haben.

Außerdem wird das Andenken der Opfer *geehrt*, indem man Bilder von ihnen zeigt, anstatt sie zu verstecken. Dies schafft ein tieferes Bewusstsein für Ungerechtigkeit, sodass - mit einem besser geschulten gesellschaftlichen Gewissen, das die Opfer der Vergangenheit im Blick hat - nachfolgende Generationen wachsamer gegenüber Angriffen auf die Menschenrechte und die Menschenwürde sein werden. Aus diesem Grund fordern uns so viele Überlebende großer Ungerechtigkeiten auf, „niemals zu vergessen".

Aber der Zweck heiligt nicht die Mittel!

Das ist wahr, und deshalb verurteilen Lebensrechtler jede Form von Gewalt im Zusammenhang mit Abtreibungen. Aber dieses Prinzip bezieht sich speziell auf den Einsatz unmoralischer Mittel, um ein gutes Ziel zu erreichen. Die Verwendung von Fotos von Abtreibungsopfern ist nicht unmoralischer als die Verwendung von Fotos von anderen Ungerechtigkeiten.

Denkt ihr nicht, dass eure Bilder posttraumatischen Stress verursachen könnten?

Eine Abtreibung ist nicht nur für das Baby tödlich, sondern auch psychisch traumatisierend und spirituell schädigend für alle Beteiligten, insbesondere in dem Maße, in dem man der Tat zustimmt oder sich mitschuldig macht (wobei Mitschuld nicht der einzige erschwerende Faktor ist). Es gibt auch viele Frauen und Mädchen, die sich von ihren Eltern, Ehepartnern oder anderen wichtigen Personen unter Druck gesetzt und zu einer Abtreibung gezwungen fühlen.

Viele Reize können eine Frau an eine frühere Abtreibung erinnern: Alltagsgeräusche, die an den Abtreibungsvorgang oder die Abtreibungseinrichtung erinnern, der Schrei eines Babys, sogar der Anblick einer anderen schwangeren Frau usw. Es ist nur natürlich, dass, wenn solche Reize eine Frau an eine frühere Abtreibung erinnern können, dies auch bei tatsächlichen Bildern von Abtreibungen der Fall sein kann.

Wenn man diesen Gedankengang weiterführt, könnte theoretisch jede Verurteilung von Abtreibung als Unrecht eine quälende Erinnerung an die eigene Abtreibungserfahrung sein. Wenn wir, um des Arguments willen, zugeben, dass eine solche verbale Kritik an Abtreibung posttraumatischen Stress auslösen könnte, und wenn wir vermeiden wollen, solchen Stress zu verursachen, dann wäre die Lebensrechtsbewegung daran gehindert, überhaupt ihre Ablehnung von Abtreibung zu äußern – die Lebensrechtsbewegung würde sich durch Selbstzensur selbst auslöschen. Wie wir bereits in den vorherigen Kapiteln dargelegt haben, behaupten Abtreibungsbefürworter nicht nur, dass Fotos von Abtreibungsopfern auslösend wirken – es sind auch Schilder mit einfachem Text, Videos von Kindern mit Down-Syndrom und sogar Fotos von Babys, die sich im Mutterleib entwickeln.

Nur weil eine Frau an ihre Abtreibung erinnert wurde, bedeutet das jedoch nicht, dass die *Erinnerungen* falsch sind. Wenn eine solche Frau eine posttraumatische Belastungsstörung entwickelt, liegt das daran, dass sie an der Abtreibung selbst beteiligt war, und nicht daran, dass sie Tage, Monate oder Jahre später Bilder von Abtreibungen gesehen hat. Wer darauf hinweist, dass Bilder traumatische Erinnerungen auslösen können, gibt zu, dass sie ein vergangenes Trauma auslösen - und dieses Trauma ist offensichtlich die Abtreibung.

Viele Frauen leiden beispielsweise unter dem Jahrestag ihrer Abtreibung, unter Flashbacks oder unter Albträumen - auch Abtreiber berichten von schrecklichen Abtreibungsträumen. Dies sind tragische Anzeichen dafür, dass dringend Heilung benötigt wird. Die Schwierigkeit für solche Frauen besteht jedoch darin, Heilung zu finden, während sie in einer Kultur leben, die implizit und explizit bestätigt, dass Abtreibung ihr Recht war und dass sie nichts falsch gemacht haben. Wenn jedoch Lebensrechtler eine Botschaft vermitteln, die die intuitiven Gefühle dieser Frauen bestätigt, nämlich dass sie etwas falsch gemacht haben, und wenn diese Botschaft durch Hilfsangebote ergänzt wird, nämlich durch Werbung für Beratungsstellen nach einer Abtreibung, werden mehr Frauen die Hilfe erhalten, die sie so dringend benötigen.

Tatsache ist, dass die einzige Möglichkeit, sicherzustellen, dass eine Frau nicht irgendwie unter posttraumatischem Stress leidet, darin besteht, dass sie von der Abtreibung selbst geheilt wird. Umgekehrt wird ihre Anfälligkeit für Stress dadurch sichergestellt, dass sie von der Abtreibung nicht geheilt wird. Und was ihre Heilung verzögert, ist die anhaltende Verleugnung des Bösen dieser Tat und ihre Beteiligung daran.

Da wir also wissen, dass es die Abtreibungserfahrung *selbst* ist, die Stress, Schmerzen und Traumata verursacht, sollten diejenigen, die FAO verwenden, in keiner Weise dafür verantwortlich gemacht werden, dass sie bei Männern oder Frauen nach einer Abtreibung Stress verursachen. Lasst uns diesen Punkt anhand einiger Analogien verstehen: Ein Soldat kehrt aus dem Krieg zurück und leidet unter posttraumatischem Stress. Wenn er Bilder von bewaffneten Konflikten im Fernsehen oder in Zeitungen sieht, sind dann die Medien dafür verantwortlich, dass posttraumatischer Stress ausgelöst wird? Wenn ein betrunkener Autofahrer einen Fußgänger anfährt und tötet und später beim Anblick einer plakativen Kampagne, die die durch Alkohol am Steuer verursachten Schäden aufzeigt, große Schuldgefühle verspürt, sind dann diejenigen, die die Kampagne produziert haben, dafür verantwortlich zu machen? Ist es unverantwortlich von ihnen, die Gesellschaft über dieses spezielle Übel aufzuklären? Sollten ihre Bemühungen, Leben zu retten, eingeschränkt werden, weil der Preis in Form von negativen Gefühlen zu hoch ist?

Und natürlich bleibt vielen Frauen, wie bereits erwähnt, das Trauma einer Abtreibung erspart, wenn sie sich die Ausstellung „Abtreibung – von der Empfängnis zum Tod" ansehen. Wie eine 23-Jährige traurig sagte: „Ich habe eine Abtreibung hinter mir, und wenn ich diese Bilder vorher gesehen hätte, hätte es für mich keine Entscheidung gegeben. Ich hätte es nie durchgezogen. Ich wusste es nicht und niemand hat es mir gesagt."

Sind Abtreibungsbilder nicht wie Pornografie? Ist das nicht Obszönität?

Bei diesem Vergleich ist es wichtig zu beachten, wie Pornografie definiert wird. Laut dem Oxford Online Dictionary ist Pornografie „gedrucktes oder visuelles Material, das die explizite Beschreibung oder Darstellung von Geschlechtsorganen oder sexuellen Handlungen enthält und dazu dient, sexuelle Erregung zu stimulieren". Kurz gesagt: Pornografie soll Menschen *erregen*. Die Fotografie von Abtreibungsopfern *stößt* Menschen *ab*. Die Vorstellung, dass FAO irgendwie sexueller Natur sind, ist bizarr, und der Vorwurf, dass es mit Pornografie vergleichbar ist, ist ein eher fauler Versuch, die Verwendung von Opferbildern zu diskreditieren.

Abtreibungsbilder werden nicht einmal im Entferntesten für sexuelle Zwecke verwendet, sondern vielmehr, um die Unmenschlichkeit dieses barbarischen Verfahrens aufzudecken und um darauf hinzuweisen, was die Folgen von Gelegenheitssex – der durch Pornografie so verherrlicht wird – mit sich bringen können. Pornografie ist Teil der Kultur der Entmenschlichung und Objektifizierung, die in erster Linie zur Abtreibungskultur beigetragen hat. FAO mit Pornografie zu vergleichen, ist so, als würde man Tatortfotos mit einem *Playboy-Magazin* vergleichen.

Was ist, wenn Kinder diese Bilder sehen?

Lebensrechtler richten sich mit FAO offensichtlich nicht *gezielt* an Kinder. Die Realität ist jedoch, dass es unmöglich ist, Jugendliche und Erwachsene in einer Gesellschaft zu erreichen, in der es keine Kinder geben wird.

Wenn Eltern mit kleinen Kindern die Bilder sehen, können sie elterliche Umsicht walten lassen und ihre Kinder ablenken. Oder sie können es als Gelegenheit für pädagogische Maßnahmen nutzen. Sie können ihren Kindern behutsam erklären, dass Babys verletzt wurden, aber dass die Menschen mit den Schildern versuchen, dies zu verhindern. Darüber hinaus können Eltern ihren Kindern versichern, dass sie niemals so verletzt werden wie die Babys, weil „Mama und Papa dich lieben und für deine Sicherheit sorgen werden".

Ich erinnere mich noch lebhaft an einen Vorfall, bei dem ich meine fünfjährige Schwester und einige ihrer Freunde nach einer Geburtstagsparty nach Hause fuhr. Ich hatte es nicht bemerkt, aber auf dem Boden im hinteren Teil meines Autos lagen mehrere Bündel mit Aufklärungsbroschüren, die ich zusammen mit einigen Pro-Life-Freunden in Vancouver verteilt hatte. Als ich die Autobahn entlangfuhr, hörte ich die piepsige Stimme eines kleinen Mädchens sagen: „Igitt, was ist das denn?"

Während ich überlegte, was ich ihr sagen sollte, platzte meine kleine Schwester, die noch nie zuvor etwas über Abtreibung gehört hatte, in das Gespräch hinein und erklärte es ihr ruhig. „Das ist es, was einige schlechte Ärzte Babys antun", sagte sie zu ihrer Freundin. „Aber Jonathan mag das nicht und versucht, es zu verhindern." Ihre Freundin nickte zufrieden, ließ die Broschüre auf den Boden fallen und das Gespräch war beendet.

Leider benutzen Eltern manchmal ihre Kinder als Ausrede dafür, warum die Bilder nicht gezeigt werden sollten. Oft ist es aber so, dass die Eltern die Bilder selbst nicht sehen wollen. Sie haben vielleicht Schuldgefühle wegen früherer Abtreibungen und wollen sich nicht mit ihrem Fehler auseinandersetzen. Schließlich haben Kinder ein Gewissen und sie lieben Babys. Uns ist schon oft aufgefallen, dass Kinder, die Abtreibungsbilder sehen, auf die gleiche Weise reagieren: „Wer hat das Baby kaputt gemacht?"

Es ist erwähnenswert, dass die Reaktion der Eltern oft die Reaktion des Kindes bestimmt. Ein wütender und fluchender Erwachsener führt zu einem frustrierten und verwirrten Kind. Ein ruhiger, rationaler Erwachsener führt zu einem ruhigen Kind. Kinder müssen einfach wissen, dass sie sicher sind. In Tausenden von Stunden an vorderster Front im Pro-Life-Aktivismus habe ich nur ein einziges Kind in Verzweiflung gesehen – und das lag daran, dass sein Vater einen Pro-Life-Aktivisten lautstark beschimpfte.

Kinder haben ein funktionierendes Gewissen. Die Frage ist: Haben wir das auch? Wenn uns Kinder so wichtig sind, sollte uns dann nicht auch die Tatsache kümmern, dass Tausende von Kindern in unseren Gemeinden, Städten und Großstädten getötet werden? Mit anderen Worten, sollte uns *die Ungerechtigkeit* nicht mehr Sorgen bereiten als die Tatsache, dass wir *sehen*, wie die Ungerechtigkeit geschieht? Wenn du mit einem Zweijährigen auf der Straße gehst und siehst, wie ein Fünfjähriger vor deinen Augen getötet wird, würdest du dich dann darüber beschweren, dass dein Zweijähriger die Ungerechtigkeit sieht, oder würdest du einschreiten, um die Ungerechtigkeit selbst zu stoppen?

Diejenigen, die immer noch Zweifel haben, sollten die Forschungsergebnisse der langjährigen Pro-Life-Aktivistin Rosemary Connell von der Frontline-Organisation Show the Truth in Betracht ziehen:

Ich habe mich sehr intensiv mit der Aktivistenbewegung „Show the Truth" [dt.: *Zeige die Wahrheit*] *auseinandergesetzt, bevor ich die Bewegung in*

Kanada ins Leben gerufen habe, und ich wähle immer noch jeden einzelnen Standort mit viel Bedacht aus. Vor vierzehn Jahren reiste ich mit mehreren anderen erfahrenen Lebensrechtlern in die USA, um zu erfahren, wie und warum diese Plakate verwendet wurden, um zu beobachten, wie Menschen jeden Alters auf die Plakate reagierten, und vor allem, um die Bedenken gegenüber Kindern zu untersuchen. Seitdem haben wir in über 5.000 kanadischen Präsentationen die Reaktionen von Kindern auf diese Plakate untersucht, aufgezeichnet und Eltern befragt. Wir konnten die Reaktionen der Kinder nach Alter beurteilen.

Kleinkinder (bis ca. 5 Jahre) reagieren nicht auf die Fotos, sondern auf die Reaktion ihrer Eltern.

Etwas ältere Kinder (ca. 6 bis 9 Jahre) erkennen in der Regel die Wahrheit der Bilder und sprechen, wie das Kind in „Des Kaisers neue Kleider", schnell die offensichtliche Wahrheit aus und stellen Fragen wie: „Was ist mit dem Baby passiert?" oder „Wer hat dem Baby wehgetan?" In diesem Alter sorgen sie sich in der Regel um ihre eigene Sicherheit und die Sicherheit anderer Kinder. Meistens reicht in diesem Alter eine einfache Bestätigung der Eltern, dass sie geliebt werden und seit ihrer Empfängnis geschützt sind.

Kinder im vorpubertären Alter erkennen die Wahrheit der Fotos, aber eine der Hauptreaktionen in dieser Phase ist der Wunsch, selbst etwas zu tun, um Babys zu helfen. Ein 9-jähriger Junge fragte sich, warum die Polizei die Tötung der Babys nicht stoppt. Ein anderer 11-jähriger Junge sagte: „Wenn ich groß bin, werde ich Premierminister, damit ich das beenden kann!

Wir sind zu dem Schluss gekommen, dass Kinder in keinem Alter durch das Betrachten von Fotos abgetriebener Kinder geschädigt werden. Es sind die Reaktionen ihrer Eltern auf die Plakate und die Antworten auf ihre Fragen, die sie beeinflussen. Wenn Eltern sichtlich aufgeregt sind, schreien, fluchen, Drohungen aussprechen oder versuchen, ihnen eine Pro-Abtreibungs-Rhetorik zu vermitteln, sind kleine Kinder natürlich durch den Tumult verstört und ältere Kinder sind verwirrt und beunruhigt durch die fehlgeleitete Wut. Diese Art von elterlichen Reaktionen löst bei Kindern echte Angst aus. Wenn Pro-Life-Eltern so reagieren, wie ich es oben beschrieben habe, sind kleine Kinder ruhig und unbeschwert und ältere Kinder fühlen sich verpflichtet, sich der Mission ihrer Familie anzuschließen.

Sind das nicht nur Schock-Taktiken?

Wie ich in Kapitel 1 ausführlich dargelegt habe, basiert diese Strategie auf einer umfassenden Untersuchung vergangener sozialer Reformbewegungen sowie aktueller Lobby-Kampagnen. Die Bilder mögen zwar schockierend sein, aber das liegt daran, dass *Abtreibung an sich* schockierend ist.

Wie könnt ihr es wagen, mir eure Ansichten aufzuzwingen!

Beweise dafür zu zeigen, was jeden Tag hinter verschlossenen Türen geschieht, zwingt niemandem unsere Sichtweise auf, sondern bringt ans Licht, was diejenigen in der Abtreibungsindustrie jeden Tag sehen. Die Beweise dafür, was Abtreibung ist, mögen schockierend und grausam sein, aber sie sind neutral, was die Parteinahme betrifft - es sind einfach Beweise. Wenn es so aussieht, als würde die Fotografie von Abtreibungsopfern in der Abtreibungsdebatte Partei ergreifen, dann deshalb, weil die Grausamkeit des Verfahrens unausweichlich ist.

Kapitel 6

Kulturwandel

Ein großes Dankeschön an denjenigen, der dieses [Abtreibungs-]Video gepostet hat. Ich habe einen Termin bei Planned Parenthood für diesen Eingriff vereinbart und wollte mehr erfahren, weil sie mir keine Informationen geben wollten. Ich rufe an, um sofort abzusagen. Ich möchte nicht, dass mein Baby in Stücke gerissen wird.

Kommentar zu CCBRs YouTube-Video „Abtreibung: Vorher und nachher".

Im Canadian Centre for Bio-Ethical Reform (CCBR) stellen wir uns bei der Betrachtung neuer Pro-Life-Strategien vor allem eine grundlegende Frage: Ist sie effektiv? Die Lebensrechtsbewegung ist nicht wie andere Interessengruppen, gemeinnützige Organisationen oder Denkfabriken. Bei der Lebensrechtsbewegung geht es darum, das Leben ungeborener Kinder zu retten, die jeden Tag in Krankenhäusern und Kliniken auf dem gesamten Kontinent getötet werden. Diese Kinder sind bereits zum Tode verurteilt, und wenn es nicht gelingt, die Öffentlichkeit mit einer starken und überzeugenden Botschaft zu erreichen, die den Ernst der Abtreibung deutlich macht, wird die Abtreibungsindustrie weiterhin ihre Opfer verschlingen und Menschen werden weiterhin irreversible Handlungen begehen – viele (wenn nicht die meisten), ohne sich des kompletten Umfangs Ihrer Handlungen bewusst zu sein.

Wenn man bedenkt, dass in den Abtreibungskriegen buchstäblich Menschenleben auf dem Spiel stehen, ist es unerlässlich, dass Pro-Life-Aktivisten Taktiken und Strategien anwenden, die die Rettung dieser Leben in den Vordergrund stellen. Wenn die Fotografie von Abtreibungsopfern nicht das wirksamste Mittel ist, um die Ansichten und das Verhalten der Menschen zu ändern, müssen wir andere Optionen in Betracht ziehen. Wir dürfen *niemals* Taktiken anwenden, nur weil wir die Dinge schon immer auf eine bestimmte Art und Weise getan haben, und wir müssen stets bereit sein, unsere Taktiken zu ändern, wenn wir einen wirksameren Weg finden, Leben zu retten.

Manchmal bedeutet dies, dass wir die *Art und Weise* ändern müssen, wie wir die Öffentlichkeit ansprechen, und manchmal bedeutet es, dass wir neue Wege gehen müssen, um maximale Überzeugungskraft zu gewährleisten. Das CCBR war Vorreiter bei der Auswertung der Ergebnisse von Kampagnen, bei denen Fotos von Abtreibungsopfern mithilfe unabhängiger Meinungsforscher eingesetzt wurden (die Ergebnisse unserer jüngsten Umfrage sind in Anhang II enthalten), und wir haben die Art und Weise, wie wir Fotos von Abtreibungsopfern einsetzen, mehr als ein halbes Dutzend Mal geändert. Außerdem haben wir das gewonnene Feedback genutzt, um sicherzustellen, dass unsere Botschaften die Zielgruppen auf überzeugende Weise erreichen.

Fotos von Abtreibungsopfern können auf vielfältige Weise eingesetzt werden und sind an fast jedem Ort wirksam. In Anhang II finden Sie die Ergebnisse unserer Verteilung von einer Million Postkarten mit FAO an Haushalte in ganz Kanada - man kann mit Fug und Recht behaupten, dass wir noch nie ein Bildungsprojekt mit einer so bedeutenden Wirkung auf die Betroffenen gesehen haben. Wir verwenden FAO auch bei Präsentationen, bei denen wir die Möglichkeit haben, das Video für das Publikum in einen Kontext zu setzen. Zu den öffentlichen Präsentationen von FAO, die wir als wirksam empfunden haben, gehören auch Banner am Straßenrand, „Wahrheits-LKWs", Handschilder und Präsentationen auf dem Campus.

Oft bleiben diejenigen, die auf die Schautafeln stoßen, stehen, um mit uns ins Gespräch zu kommen, und teilen uns ironischerweise mit, dass unsere Taktik „nicht dazu geeignet ist, Menschen zum Reden zu bringen". In Hunderten von Fällen haben wir erlebt, dass Menschen, die gekommen waren, um uns ihre Meinung zu sagen, mit einer veränderten Meinung wieder gingen – wobei viele von ihnen ausdrücklich die Bildsprache als Grund dafür nannten, dass sie Abtreibung nicht mehr auf die gleiche Weise betrachten konnten. Im Folgenden einige Beispiele dafür, wie FAO in nahezu jedem Kontext als wirksames Instrument für Pro-Life-Aktivisten eingesetzt werden können.

Wahrheits-LKWs und Banner am Straßenrand

„Wahrheits-LKWs" oder das, was wir im Canadian Centre for Bio-Ethical Reform als die „Reproduktive Wahlkampagne" bezeichnen, sind große Kastenwagen, die auf der Seite und am Heck mit Fotos von Abtreibungsopfern bedruckt sind. Am Straßenrand werden große Schilder aufgestellt, die von Pro-Life-Aktivisten gehalten werden. Diese Projekte machen Abtreibung zu einem Teil des Alltags der Menschen, indem sie die Wahrheit über Abtreibung auf die Straße bringen und Pendler mit einer Realität konfrontieren, die sie ignorieren. Wenn die Menschen jeden Tag beim Verlassen ihres Hauses auf dem Weg zur Arbeit über die winzigen, zerschmetterten Leichen derer steigen müssten, die in Abtreibungskliniken getötet wurden, wäre Gleichgültigkeit nicht so weit verbreitet. Martin Luther King jr. sprach von einer „kreativen Spannung", die die Öffentlichkeit dazu zwang, sich mit einer Ungerechtigkeit auseinanderzusetzen, die sie lieber ignorieren würde. Wahrheits-LKWs und Banner am Straßenrand erfüllen diese Funktion gut.

Projekte dieser Größenordnung umgehen auch die Medien. Wie bereits erwähnt, ist die Lebensrechtsbewegung vielleicht die erste große soziale Reformbewegung, die sich dem aktiven Widerstand der Medien gegenübergestellt sieht. Daher müssen Pro-Life-Aktivisten Taktiken anwenden, die gleichzeitig die Anziehungskraft der Medien auf Kontroversen ausnutzen und dabei die Ungerechtigkeit aufdecken, die die Medien zu vertuschen suchen. Wenn Journalisten zum Filmen oder Fotografieren der Projekte kommen, senden sie Pro-Life-Gesprächsthemen und Fotos von Abtreibungsopfern in Hunderttausende weiterer Haushalte und helfen uns, indem sie die Wahrheit versehentlich noch weiter verbreiten.

Wir haben auch viele Gelegenheiten, zu sehen, wie Leben gerettet werden. Eine Pro-Life-Aktivistin, die auf den Straßen von Calgary unterwegs war, sprach mit einer Frau, die ihr erzählte, dass sie in der zwölften Schwangerschaftswoche über eine Abtreibung nachgedacht hatte, als ein Wahrheits-LKW neben ihr im Verkehr anhielt. Als die Frau die Bilder auf dem Truck sah, wurde ihr sofort klar, welche Entscheidung sie treffen sollte. Sie schob ein wunderschönes kleines Mädchen mit blonden Haaren und blauen Augen in ihrem Kinderwagen - ein Baby, das in einem Müllcontainer gelandet wäre, wenn ihre Mutter nicht gesehen hätte, was Abtreibung wirklich bedeutet.

Ein anderer Mann rief in unserem Büro an, um uns mitzuteilen, dass er den „Truth Truck" gesehen hatte, als er und seine Frau gerade über eine Abtreibung nachdachten. Nachdem das Paar den Truck gesehen hatte, entschied es sich, das Kind nicht abzutreiben. Eine Pendlerin, die an einem Banner am Straßenrand vorbeigefahren war, teilte uns mit, dass das Bild sie dazu veranlasst habe, „die Angelegenheit zu überdenken und zu erkennen, wie brutal die „medizinische Praxis der Abtreibung ist". Immer wieder erleben wir, dass sich die Ansichten der Menschen zu Abtreibung ändern, nachdem sie tatsächlich eine Abtreibung gesehen haben.

Abtreibungsbilder haben eine besondere Wirkung, weil die Opfer unschuldige Kinder sind. Ein Soldat sagte uns, nachdem er den Lastwagen gesehen hatte, dass ihn die Abtreibungsbilder schockiert und dazu gebracht hätten, mehr über die Vorgänge zu erfahren - obwohl er bereits in vier Kriegen gedient hatte und dachte, er sei „daran gewöhnt", Leichen zu sehen.

„Choice" Chain

Wenn dieses Buch die Tausenden von Geschichten enthalten würde, die sich jeden Tag auf der Straße abspielen, wenn Lebensrechtler mit Fotos von Abtreibungsopfern an die Öffentlichkeit treten, wäre es Hunderte von Seiten stark. Das erste Mal, dass ich ein Baby in meinen Armen hielt, das für eine Abtreibung vorgesehen war, war das Ergebnis davon, dass seine Mutter an unseren Schildern auf der Straße vorbeiging – es regnete und sie hielt nicht an, um zu reden. Aber die Bilder blieben ihr im Gedächtnis und sie erkannte, wie so viele andere auch, dass sie ihrem Baby das nicht antun konnte.

Die Aktion „Choice" Chain besteht aus Handzetteln, auf denen sowohl Abtreibungsopfer als auch Kinder im Mutterleib abgebildet sind, während Pro-Life-Aktivisten Passanten oder Schüler in Gespräche verwickeln. Unser Fokus liegt zwar darauf, die Öffentlichkeit zu erreichen und mit Menschen ins Gespräch zu kommen, aber wir stellen oft fest, dass allein die Bilder ausreichen, um Meinungen zu ändern. Ein Großvater kam bei der „Choice"-Kette in London, Ontario, vorbei, um uns mitzuteilen, dass seine Enkelin in der Woche zuvor auf dem Weg zu einem Abtreibungstermin an den Schildern vorbeigefahren war. Als sie jedoch Fotos eines Opfers einer Abtreibung im ersten Trimester sah, änderte sie ihre Meinung und kehrte um.

Eine andere Frau in Vancouver kam bei unserer „Choice"-Chain vorbei, um den Aktivisten mitzuteilen, dass ihre Freundin im vergangenen Jahr über eine Abtreibung nachgedacht hatte, aber die Schilder gesehen und ihre Meinung geändert hatte – „Es war die beste Entscheidung, die sie je getroffen hat." An einer Highschool in Windsor, Ontario, outeten sich einige Mädchen und sagten, dass die Bilder sie zu Lebensrechtlerinnen gemacht hätten und dass eine ihrer Freundinnen schwanger sei und ihr Freund eine Abtreibung geplant habe. Nachdem sie die Schilder gesehen und eine Broschüre gelesen hatte, die ihr einer der Aktivisten gegeben hatte, beschloss das Mädchen, dass sie „das ihrem Kind auf keinen Fall antun" würde, und sagte die Abtreibung ab.

Ein Schüler sagte zu seinem Freund, während er auf das Schild starrte: „Schau dir das an, Mann! Man kann sich das nicht länger als 30 Sekunden ansehen, ohne zu sagen, dass das total falsch ist." In Calgary, Alberta, stand ein Highschool-Mädchen lange Zeit im Regen und starrte auf ein Schild, bis sie schließlich einem der Lebensrechtler zuflüsterte: „Ich bin schwanger." Auf die Frage, was sie nun zu tun gedenke, antwortete sie leise, dass sie, bevor sie die Schilder gesehen habe, verwirrt gewesen sei - aber jetzt wisse sie, dass sie sich für das Leben ihres Kindes entscheiden müsse. Eine andere Frau postete in den sozialen Medien unter Fotos von Straßeneinsätzen, um uns mitzuteilen: „Wenn ich diese Bilder nie gesehen hätte, hätte ich meine beiden Töchter heute nicht bei mir. Ich danke der Initiative „Choice" Chain, dass sie mir geholfen hat, mich für meine Mädchen zu entscheiden."

Universitätseinsatz

Universitätsgelände sind aus mehreren Gründen wichtige Orte für Initiativen zum Lebensrecht. Die sexuelle Kultur an Universitäten sorgt dafür, dass viele Studenten Abtreibung als Lösung für ihre ungewollten Schwangerschaften in Betracht ziehen. Statistiken zeigen auch, dass die Abtreibungsphilosophie der Mehrheit der Lehrenden dazu führt, dass viele Studenten während ihrer Studienzeit ihre Überzeugung für das Lebensrecht verlieren. Schautafeln, die die Wahrheit über Abtreibung aufzeigen, können oft diejenigen, die eine Abtreibung in Betracht ziehen, davon abbringen und gleichzeitig die Pro-Life-Ansichten derjenigen auf dem Campus stärken, die ihre Weltanschauung ständig in Frage gestellt sehen. Wir haben erlebt, wie ganze Fakultäten innerhalb weniger Stunden regelrecht in Abtreibungsdiskussionen explodierten, haben Tausende von Gesprächen ermöglicht, die Tausende von Meinungen geändert haben, und durften miterleben, wie Paare ihre Meinung über eine Abtreibung geändert haben.

Oft reicht das Bildmaterial aus, um Menschen davon zu überzeugen, ihren Kurs zu ändern. Ein Paar kam an einer unserer Schautafeln auf dem Campus vorbei und blieb abrupt stehen. Der Mann drehte sich mit großen Augen zu seiner Freundin um, schüttelte den Kopf und sagte: „Ich werde meine Tochter oder meinen Sohn nicht umbringen." Sie hatten über eine Abtreibung nachgedacht – bis sie sahen, worüber sie nachdachten. Ein anderer Mann nahm eine Broschüre, starrte auf die Schautafel und sagte einem Freiwilligen, dass er sie seiner Freundin geben müsse: „Wir wollten eigentlich abtreiben, aber jetzt möchte ich ihr das hier zeigen." Am selben Tag auf demselben Campus änderte ein anderer junger Mann seine Meinung über Abtreibung, nachdem er sich vor der Ausstellung mit uns unterhalten hatte. Er erzählte uns, dass er und seine Freundin erst in der vergangenen Woche erfahren hatten, dass sie schwanger war. Anstatt in eine Abtreibungsklinik zu gehen, entschieden sie sich stattdessen für ein Schwangerenkonfliktzentrum.

Die Reaktion eines anderen Mädchens fasste die häufigste Reaktion auf unsere Ausstellungen zusammen: „Wenn Abtreibung so aussieht, dann werde ich nie eine haben!"

Ich habe erlebt, wie Hunderte von Menschen an einem einzigen Tag auf dem Campus ihre Meinung geändert haben. An einem Achtstundentag habe ich persönlich mit mehr als zwanzig Menschen gesprochen, die ihre Position von „Pro-Choice" zu „Pro-Life" geändert haben – und ich war lediglich einer von vierzig Freiwilligen auf dem Campus. Wir haben erlebt, wie Professoren ihre Meinung geändert haben, wie Demonstranten ihre eigenen Schilder zerrissen haben und wie eine Freiwillige von Planned Parenthood stillschweigend ihre Anstecknadel, der den riesigen Abtreibungskonzern unterstützte, weggeworfen hat.

Dieses Projekt bringt viele junge Menschen in die Lebensrechtsbewegung – denn wenn sie vor einer Präsentation stehen, wird ihnen zum ersten Mal klar, dass wir angesichts des schrecklichen Gemetzels der Abtreibungsindustrie nicht machtlos sind. Wir können an vorderster Front stehen, unsere Mitmenschen einbeziehen und sehen, wie sie sich für das Leben entscheiden.

Postkarten

Die Zustellung von Postkarten an die einzelnen Haushalte ist ein Projekt, das darauf abzielt, die Gespräche, die wir auf der Straße, auf dem Campus und vor Gymnasien führen, in großem Umfang zu reproduzieren. Wir liefern Fotos von Abtreibungsopfern in Kombination mit überzeugenden Argumentationen über die Briefkästen direkt an die einzelnen Bürger, und die Ergebnisse - die im Anhang aufgeführt sind - sind beeindruckend.

Neben der statistischen Analyse in Anhang II gab das Canadian Centre for Bio-Ethical Reform auch weitere Umfragen in Auftrag, nachdem 110.000 Menschen ein Jahr lang mit Fotos von Abtreibungsopfern konfrontiert worden waren. Etwas mehr als 80% gaben an, eines der Bilder gesehen zu haben, und auf die explizite Frage, wie sich das Betrachten eines Bildes eines abgetriebenen Fötus auf ihre Einstellung zur Abtreibung auswirke, gaben 42,3% der Befragten an, dass die Bilder ihre Einstellung zur Abtreibung negativ beeinflusst hätten. Darüber hinaus sank die Zahl der Menschen, die eine „positive" Einstellung zur Abtreibung hatten, um 18-22%.

Klinkenputzen

Als Pro-Life-Aktivisten ist es unsere Aufgabe, dafür zu sorgen, dass wir die Menschen erreichen, wo immer wir können, und mit dieser Philosophie haben wir vor einigen Jahren unser Klinkenputzprojekt gestartet. Klinkenputzen ist natürlich ein fester Bestandteil von Haustürwahlkampf und einigen religiösen Gruppen, aber mit Postkarten von Tür zu Tür zu gehen und mit Menschen über Abtreibung zu diskutieren - eine Mischung aus politischer Werbung, apologetischer Gesprächsführung und Fotos von Abtreibungsopfern - war noch nie zuvor versucht worden.

Wir waren ermutigt, wie offen die Menschen für Gespräche waren, vor allem, weil sie direkt vor ihrer Haustür zu einem sehr kontroversen

Thema befragt wurden. Bei einem der ersten Häuser, die wir ansteuerten, kam ein junger Mann heraus, setzte sich auf seine Veranda und begann, unsere Broschüre durchzugehen. Als meine Kollegin Devorah ihn fragte, was er von Abtreibung halte, sagte er, er sei für die freie Wahl. Als wir ihm jedoch erklärten, dass Menschen Menschenrechte haben und dass die Wissenschaft uns sagt, wann menschliches Leben beginnt, begann er zu nicken. „Ich verstehe, was ihr meint", murmelte er, während er sich die Broschüre ansah.

„Wir setzen uns für eine wissensbasierte Gesellschaftspolitik ein", erklärte ich ihm. Der Begriff „Pro-Choice" bedeutet für viele Menschen viele verschiedene Dinge – einige sind der Meinung, dass Abtreibung während der gesamten neun Monate der Schwangerschaft legal sein sollte, andere sind der Meinung, dass sie nur in wenigen Fällen erlaubt sein sollte. Wäre es nicht sinnvoll, dass wir uns in einer multikulturellen Gesellschaft mit einer Vielzahl von philosophischen und religiösen Überzeugungen über den Wert des menschlichen Lebens auf einen soliden, wissenschaftlichen Maßstab verlassen, ab wann die Menschenrechte beginnen – am Anfang des Lebens eines Menschen?" Er stimmte zu und innerhalb eines fünfzehnminütigen Gesprächs wechselte er von pro-choice zu pro life. Er gab uns seine Kontaktdaten und sagte uns, dass er gerne mit seinen Freunden über Abtreibung sprechen würde, weil er gerne „Samen sät".

In unserer ersten Stunde der Akquise wechselten mehrere Menschen von der Befürwortung von Abtreibung zur Befürwortung des Lebens – einfach, weil wir an ihre Tür geklopft, ihnen einige Fragen gestellt und sie mit Informationen versorgt hatten. Wir stellten auch fest, dass im Gesprächskontext wütende Reaktionen auf das Zeigen von Fotos von Abtreibungsopfern fast vollständig ausblieben. Seitdem haben wir festgestellt, dass dies eine sehr effektive Methode ist, um die Meinung über Abtreibung zu ändern – ein Haus nach dem anderen.

Schwangerschaftskonfliktberatungsstellen

Während es im seelsorgerischen Bereich der Lebensrechtsbewegung eine Vielzahl von Ansätzen zur Beratung bei einem Schwangerschaftskonflikt gibt, basiert die oft dogmatische Ablehnung der Verwendung von FAO als Instrument, um Frauen von einer Abtreibung abzubringen, auf der sachlich falschen Vorstellung, dass das Zeigen von FAO in diesem Zusammenhang kontraproduktiv wäre. Viele Schwangerschaftskonfliktberatungsstellen haben jedoch festgestellt, dass der visuelle Beweis dafür, was Abtreibung mit ungeborenen Kindern anstellt, das wirksamste Instrument ist, das sie besitzen.

Die langjährige Pro-Life-Aktivistin und Schwangerschaftskonfliktberaterin Astrid Gutierrez sagt, dass viele in der Seelsorge Angst davor haben, diese Instrumente einzusetzen, weil sie nicht von der Opposition als „verrückt" abgestempelt werden wollen. Ihre Erfahrung beweist jedoch, dass Fotos von Abtreibungsopfern (FAO) selbst in einem Schwangerschaftskonfliktzentrum wirksam ist – insbesondere, wenn man bedenkt, dass die Beratungssitzung möglicherweise die letzte Möglichkeit ist, das Leben eines Kindes zu retten.

„Wir haben festgestellt", so Gutierrez, „dass die Zahl der geretteten Babys dramatisch gestiegen ist. Wir können das Baby mit viermal höherer Wahrscheinlichkeit retten, wenn wir der Mutter die Möglichkeit bieten, sich ein Video wie Choice Blues (ein drastisches Abtreibungsvideo) anzusehen. Heute verwenden wir auch das Video von Live Action, in dem Dr. Levatino (ein ehemaliger Abtreiber) die Verfahren beschreibt. Manchmal ist die Mutter daran interessiert, sich beides anzusehen." Ihre Kollegen, fügte Gutierrez hinzu, würden sagen, dass ihre Analyse der Wirksamkeit von FAO eigentlich recht konservativ sei:

> Los Angeles Pregnancy Services ist ein Pro-Life-Schwangerschaftskonfliktberatungszentrum in einem der Stadtviertel, die am stärksten von der Abtreibungsindustrie in Amerika betroffen sind. Mehrere Abtreibungszentren haben es auf schutzbedürftige lateinamerikanische Einwandererfamilien

im Gebiet Westlake/MacArthur Park abgesehen. Wir wurden im Jahr 2000 gegründet und haben fast 15.000 Familien beraten und unterstützt. Wir haben fast 6.000 Babys vor dem Tod durch Abtreibung bewahrt.

LAPS bietet kostenlose Beratung, Zugang zu kostenlosen Ultraschalluntersuchungen, Notfallfonds für Miete und Nebenkosten sowie Artikel für Neugeborene. Wir arbeiten auch mit anderen kommunalen Einrichtungen wie Ärzten, die Abtreibungen ablehnen, und Frauenhäusern zusammen, um unseren Müttern zu helfen.

Im Rahmen unserer Beratung laden wir Frauen ein, sich eines von drei Videos anzusehen, die über den Ablauf einer Abtreibung aufklären und genau darstellen, was mit dem ungeborenen Kind geschieht. Sie müssen eine Einverständniserklärung unterschreiben, um das Video ansehen zu können.

Im Jahr 2011 haben wir damit angefangen, Müttern, die mit ihren Neugeborenen zum Windelprogramm kamen, einen Fragebogen auszuhändigen. Wir wollten herausfinden, was der Schlüsselfaktor war, der ihnen geholfen hat, ihre Ängste zu überwinden und sich für das Leben ihres Kindes zu entscheiden. Die beiden häufigsten Antworten waren: 1. Die Freundlichkeit meiner Beraterinnen und 2. Das Anschauen des Videos, das eine Abtreibung zeigt.

Hier sind einige aktuelle Antworten auf unseren Fragebogen.

Maria, 28 (hat sich 2015 für das Leben entschieden)

„Ich möchte euch dafür danken, dass ihr mir auf so viele Arten geholfen habt. Das Video [Choice Blues] hat mir sehr geholfen. Es hat meine Sicht auf die Dinge verändert und dazu geführt, dass ich mein Baby bekommen habe. Ohne euch alle hätte ich mein Baby nicht bekommen. Ich habe eine gute Entscheidung

getroffen. Ich bin glücklich mit meinem Baby und meine anderen Kinder sind glücklich mit ihrem Bruder."

Lorena, 26 (entschied sich 2015 für das Leben)

„Eure ermutigenden Worte gaben mir Hoffnung. Was mir am meisten geholfen hat, mein Baby zu bekommen, war eure Hilfe und die Einsicht, was eine Abtreibung wirklich bedeutet. Wir haben immer noch mit Schwierigkeiten zu kämpfen, aber ich bin glücklich und wir kommen gemeinsam voran. Ich liebe sie so sehr."

Maricela, 30 (entschied sich 2015 für das Leben)

Als ich hierherkam, dachte ich über eine Abtreibung nach. Aber ihr habt ein Video gezeigt, das mir klar gemacht hat, wie eine Abtreibung ein Kind zerstört, das nichts für die Umstände kann. Mir geht es jetzt gut und ich bin so glücklich mit meinem kleinen Mädchen.

Audrey, 31 (entschied sich 2016 für das Leben)

Die Videos, die ich während der Beratung gesehen habe, haben mir geholfen, meine Entscheidung für eine Abtreibung zu überdenken, und haben es mir ermöglicht, mein Kind heute bei mir zu haben ... Ich bin sehr, sehr glücklich!

Veronica, 25 (hat sich 2016 für das Leben entschieden)

Ich habe meine Meinung über Abtreibung geändert, als ich das Video [über Abtreibung] sah ... Ich bin sehr glücklich und mit meinem Kind gesegnet.

Araceli, 23 (hat sich 2016 für das Leben entschieden)

Ich danke euch allen, weil ihr mir geholfen habt zu verstehen, was eine Abtreibung ist, und mir klar gemacht habt, dass ich einem unschuldigen Baby, das für meine Fehler nichts kann, nicht

> *das Leben nehmen kann. Dank euch lebt mein Baby und ist voller Leben. Ohne eure Unterstützung hätte ich meinen Engel nicht bei mir.*

Wir haben auf der Straße viele Menschen getroffen, die uns erzählt haben, dass es die Fotos von Abtreibungsopfern in der Seelsorge waren, die sie von ihrer Abtreibung abgebracht haben. Eine Frau namens Allison kam während einer Straßenaktion auf uns zu, zog eine Krankenversicherungskarte aus ihrer Geldbörse und zeigte sie uns. „Das ist meine Tochter", sagte sie uns. „Sie ist 17 Jahre alt und hat eine Abtreibung überlebt. Vor 17 Jahren wollte ich abtreiben, aber statt in die Klinik ging ich zu Aid to Women [einem Schwangerenkonfliktberatungszentrum auf der anderen Straßenseite], wo sie mir Grafiken wie diese zeigten. Nachdem ich diese Bilder gesehen hatte, konnte ich es nicht mehr durchziehen. Ich bin stolz auf das, was ihr tut. Hört nicht auf, denn *ihr rettet tatsächlich Leben*."

Abtreibungsvideos auf YouTube

Während die Mainstream-Medien traditionell daran arbeiten, die Realität von Abtreibung vor der Öffentlichkeit zu verbergen, hat die Demokratisierung der Medien, die sich aus dem Aufstieg des Internets sowie dem Vormarsch der sozialen Medien ergibt, Pro-Life-Aktivisten beispiellose Möglichkeiten eröffnet, die Öffentlichkeit zu erreichen. Facebook und YouTube zensieren oft alle Abtreibungsinhalte, die sie als drastisch definieren – und entfernen ironischerweise einige Bilder und Filmmaterial aufgrund der darin enthaltenen „Gewalt". Trotzdem haben Pro-Life-Aktivisten auf diesen Wegen immer noch enorme Ergebnisse erzielt.

Ein Beispiel: CCBR hat vor einigen Jahren ein Video mit dem Titel „After" auf YouTube hochgeladen, in der Hoffnung, dass Menschen, die nach Informationen suchen, es sich ansehen und die Beweise dafür sehen, was das Abtreibungsverfahren in verschiedenen Stadien der Schwangerschaft mit dem ungeborenen Menschen anstellt. Das Video wurde bisher über 450.000-mal angesehen und hat fast 2.000 Kommentare erhalten. Viele davon zeigen, dass sich die Sichtweise der Zuschauer durch das Video geändert hat, andere sagen, dass das Video sie davon abgehalten habe, eine Abtreibung vorzunehmen. Einige Beispiele:

Ich habe gestern herausgefunden, dass ich schwanger bin, und mein Freund war dabei. Er versucht immer noch, mich dazu zu bringen, es abzutreiben, aber das werde ich nie tun, denn er/sie hat ein Leben und eine Seele. Ich werde nach meiner nächsten [Gehalts-]Abrechnung aus seiner Wohnung ausziehen, wenn er unser Baby nicht akzeptieren kann.

Als meine Freundin sagte, dass sie das tun würde, habe ich mir dieses Video angesehen und gesagt: „Nein, nicht mein Kind!" Ich habe sie dazu gebracht, ihre Meinung zu ändern.

Ich bin 23 und habe immer gesagt, dass ich, wenn ich schwanger werde, ohne verheiratet zu sein, eine Abtreibung machen würde. Nachdem ich mir das hier angesehen habe, kann ich mir nicht vorstellen, das zu tun!

Ich hatte absolut keine Meinung zum Thema Abtreibung, ich dachte immer: „Hmm ... schließlich geht es mich nichts an ... Wenn Frauen in ihrem Leben nicht drei oder vier Abtreibungen haben, sehe ich kein Problem ...", aber als ich dieses Video vor einem Jahr sah, brach mir das Herz und ich wurde sofort eine Pro-Life-Aktivistin!

Das hat mich so zum Weinen gebracht! Ich bin bereits Mutter eines Kindes und Gott sei Dank habe ich ihn und kann ihn halten und küssen! Und ich erwarte mein zweites Kind. Ich habe über eine Abtreibung nachgedacht, weil ich jetzt als Pflegekraft arbeite und gerade wieder im Leben Fuß fasse. Jetzt, wo ich das hier sehe, kann ich das einfach nicht mehr durchziehen!

Ich war nicht gegen Abtreibung, weil ich dachte, dass jeder Mensch seine eigenen Gründe dafür hat ... aber jetzt bin ich zu 100% dagegen ... tut mir leid, dass es so lange gedauert hat.

Ich habe wegen dieses Videos tatsächlich geweint. Ich war früher für Abtreibung, aber nicht mehr, nachdem ich diesen Wahnsinn gesehen habe! Niemand sollte einen Fremden dafür bezahlen, sein Baby zu töten! Und dann auch noch mit einem Staubsauger!!!

Ich bin ein sehr aufgeschlossener Mensch und eine Bekannte hat mich kürzlich gebeten, ihr bei der Suche nach einer Abtreibungsklinik zu helfen. Aber nachdem ich dieses Video gesehen habe, kann ich sie nicht mehr unterstützen. Dieses Video hat mir das Herz gebrochen und meine Sicht auf die Dinge grundlegend verändert. Ich habe ein Kind und Abtreibung kam mir nie in den Sinn und wird es auch nie. Danke, dass ihr dieses Video erstellt habt!

Nachdem ich dieses Video gesehen habe, fühle ich mich wie ein Stück Scheiße und von meinem Arzt betrogen, der mir sagte, dass mein Baby noch nicht entwickelt sei (ich war in der 5. Schwangerschaftswoche), und mit 19 Jahren glaubte ich dem Arzt. Ich wünschte, ich hätte mehr Informationen darüber erhalten, was eine Abtreibung wirklich ist ... es tut mir heute noch weh (es ist neun Jahre her). Ich kann nicht rückgängig machen, was ich getan habe, aber ich hoffe, dass dieses Video andere davon abhält, das Gleiche zu tun. Ich hasse mich dafür ... Möge mein Baby in Frieden ruhen. Es tut mir leid, es tut mir so leid ...

Ich bin jetzt in der 8. Woche schwanger und habe über eine Abtreibung nachgedacht, aber nachdem ich dieses Video gesehen habe, ist mir so viel klar geworden, und ich kann mein Kind nicht töten. Ich kann es einfach nicht. Ich bin so froh, dass ich dieses Video gesehen habe, denn ich hätte nie gedacht, dass eine Abtreibung so schrecklich sein könnte. Ich weine jetzt, aber wie gesagt, ich bekomme mein Baby.

Eine andere Kommentarreihe hob den Weg einer Frau zum Leben hervor, nachdem sie sich das Abtreibungsvideo angesehen hatte. Der erste Kommentar:

Ich brauche Hilfe, jetzt ist mir klar, wie grausam Abtreibung ist. Ich habe meinem Freund versprochen, eine Abtreibung zu machen, denn wenn ich *eine mache, hat er versprochen, dass wir wieder so zusammen sein können wie früher, und wenn ich das Baby behalte, würde er mich verlassen. Ich weiß nicht, was ich tun soll. Eine Abtreibung würde mir ein beschissenes Gefühl geben! Und ich würde mich als schrecklichen Menschen sehen. Ich liebe Kinder, ich will mein Kind. Aber ich liebe meinen Freund so sehr, wir sind seit einem Jahr zusammen ... wir teilen viele Erinnerungen. Ich will nicht alles verlieren :(und ich will mein Kind nicht verlieren! Ich weiß nicht, was ich tun soll! :'(*

Der zweite Kommentar, einen Monat später:

Ich habe mich entschieden, ich werde mein Baby behalten. :)

Der dritte Kommentar, drei Monate danach:

Schon der Gedanke an eine Abtreibung widert mich an. In 6 Tagen bin ich im sechsten Monat schwanger mit einer Tochter, meiner kleinen Emely, die am 3. Mai zur Welt kommen soll ♡ Zwischen mir und meinem Freund hatte sich viel verändert. Er ist völlig neben sich, schlägt sich selbst und weint. Er ist voller Reue. Ich habe noch nie jemanden so traurig gesehen. Als wir beim Ultraschall waren, habe ich ihn noch nie so glücklich gesehen, er war überglücklich, dass wir ein kleines Mädchen bekommen. Er fragte mich: „Wie werden wir sie nennen?" „In welchem Sternzeichen wird sie geboren?" Jetzt hat er seine Hände auf meinem Bauch ... er liebt es, ihren Herzschlag zu hören. Und er hat mich noch nie so geliebt. Noch nie. Und es fühlt sich jetzt mehr als gut an. Er war einfach extrem unreif ... ist es immer noch ein bisschen. Aber es wird besser. Jedenfalls sieht es so aus. Ich liebe meine Tochter so sehr ♡

Diese und hunderte weitere Kommentare zeigen die Kraft derjenigen, die damit konfrontiert werden, und die Leben, die dadurch gerettet werden. Wir sprachen mit einer Jugendlichen, die in der achten Klasse vergewaltigt wurde, über eine Abtreibung nachdachte, aber im Internet Bilder von Abtreibungen sah und sich stattdessen entschied, ihr Baby zu behalten.

Andere Organisationen wie Live Action haben ebenfalls Videos produziert, die die groteske Natur des Abtreibungsverfahrens detailliert beschreiben und die Millionen von Zuschauern erreicht und Hunderttausende von Menschen beeinflusst haben.

Vorträge

Wie die obigen Erfahrungsberichte zeigen, haben Abtreibungsvideos und -bilder eine enorme Wirkung. Das haben wir auch bei Tausenden von Vorträgen vor Zehntausenden von Menschen festgestellt. Hunderte von Menschen haben in Feedback-Formularen und anschließenden Diskussionen angegeben, dass bei Vorträgen über Pro-Life-Apologetik oder das Plädoyer für das Leben die Fotos von Abtreibungsopfern den stärksten Eindruck hinterlassen haben. Diese Bilder sind, wie ein Student schrieb, „unerträglich effektiv". Scott Klusendorf, der führende Redner und Autor der Lebensrechtsbewegung, der das Life Institute leitet, eine Organisation, die Redner für das Pro-Life-Thema an Universitäten und High-Schools in den gesamten Vereinigten Staaten vermittelt, merkte an, dass die Präsentationen eine weitaus größere Wirkung haben, wenn Fotos von Abtreibungsopfern verwendet werden können:

> Wir haben drei katholische Gymnasien befragt, in denen wir Bildmaterial gezeigt haben. Ergebnis: 22,7% gaben an, dass das Bildmaterial keine Wirkung hatte, 31,5% gaben an, dass es eine mäßige Wirkung hatte, und 42,6% gaben an, dass es eine erhebliche Wirkung hatte. 56,4% gaben an, dass sie vor der Präsentation Bilder von Abtreibungen gesehen hatten, und diese Schüler berichteten, dass sie die Bilder in der Schule (50,2%), im Internet (30,4%), bei einer Pro-Life-Veranstaltung (7,9%), in der Kirche (2,5%) und an anderen Orten oder nicht näher bezeichnet (15,7%) gesehen hatten. Von den Schülern, die die Bilder noch nicht gesehen hatten, gaben 48,5% an, dass die Bilder einen bedeutenden Einfluss hatten. Ich vermute, dass die tatsächliche Wirkung höher war als diese Zahlen, aber selbst, wenn diese Zahlen einigermaßen genau sind, zeigen

> sie, dass das Video einen sehr effektiven Einfluss auf die Schüler hat.

Die Auswirkungen von Vorträgen für das Recht auf Leben dürfen ebenfalls nicht unterschätzt werden. Wir haben viele Erfahrungsberichte von Menschen, die nach einer Präsentation ihre Meinung geändert oder die Informationen sogar genutzt haben, um die Meinung eines anderen zu ändern. Eine Frau nahm eine Broschüre von einer CCBR-Präsentation mit nach Hause und gab sie einer älteren Kollegin. Diese Kollegin zeigte die Broschüre ihrer Tochter, die ungewollt schwanger war. Nachdem sie die Broschüre gelesen und das Bild eines Abtreibungsopfers gesehen hatte, entschied sich die Tochter gegen eine Abtreibung.

Führende Pro-Life-Aktivisten erzählen ihre Geschichten

Abgesehen von der Wirkung der Fotografie von Abtreibungsopfern auf die Öffentlichkeit und ihrer Macht, Herzen und Meinungen zu verändern, haben FAO auch viele dazu bewegt, sich der Lebensrechtsbewegung anzuschließen und an vorderster Front für das Leben ungeborener Kinder zu kämpfen. Tatsächlich ist es keine Übertreibung zu sagen, dass die Lebensrechtsbewegung, wie wir sie kennen, ohne FAO *einfach nicht existieren würde*. Ich könnte Dutzende Beispiele von Lebensrechtlern nennen, die ich persönlich kenne und die nach dem Anblick der Realität, was Abtreibung kleinen Menschen in ihrem eigenen Land antut, ihre lukrativen Jobs aufgeben und Vollzeit in der Bewegung arbeiten. Wie ich in meinem Buch *„The Culture War"* aus dem Jahr 2016 beschreibe, hat mich die Ansicht eines Abtreibungsvideos an der Universität dazu gebracht, meine eigenen Karrierepläne zu überdenken.

Dr. Monica Miller, eine erfahrene Pro-Life-Aktivistin und Direktorin von Citizens for a Pro-Life Society, beschrieb ihre erste Begegnung mit FAO in ihrem Buch *„Abandoned: The Untold Story of the Abortion Wars"*:

> Vor vielen Jahren, als ich zum ersten Mal die Fotos von abgetriebenen Babys in der Broschüre „Life or Death" sah, geriet ich in eine Art Schockzustand. Meine Gefühle waren wie erstarrt,

> da ich völlig unvorbereitet auf den Horror und das Leid war, die mir die zerquetschten Körper offenbarten. Es ist die Reaktion des letzten reinen Teils der Seele, der mit der Entweihung des Heiligen konfrontiert wird – einer Entweihung, die jenseits dessen liegt, was man sich vorstellen kann. Doch die unaussprechlichen Verbrechen fanden und finden statt. Diese Verbrechen sind nun Teil einer schrecklichen Wahrheit, als wäre ein Schleier weggerissen worden, um einen Blick in die Hölle zu werfen. Der Anblick lässt uns zittern und weinen, und der Schock festigt in uns ein großes, absolutes „Nein", da wir uns weigern, Teil dieser schrecklichen Dunkelheit zu sein. Unser Wesen ist erfüllt von dem Entschluss, uns dagegen zu wehren. Nichts, was wir bei diesem flüchtigen Blick in die Hölle sehen, kann richtig sein, und das Böse an all dem ist in gebrochenen Körpern manifestiert, die nach Gerechtigkeit schreien. Wenn du die Leichen einmal mit klarem Verstand gesehen hast, kannst du nie wieder zurück. Sie haben dich in ihre Welt entführt.[72]

Scott Klusendorf berichtete in seinem 2009 erschienenen Buch *„The Case for Life"* von einer ähnlichen Erfahrung. Klusendorf beschrieb, wie er 1990 an einem Samstagmorgen zum Frühstück eines Pastors eingeladen wurde. 100 Personen waren eingeladen, um Gregg Cunningham vom Center for Bio-Ethical Reform zu hören, der seine Vision einer Pro-Life-Strategie vorstellte, die sich auf die Verwendung von Fotos von Abtreibungsopfern konzentrierte. Vier Personen erschienen:

> Unbeeindruckt von der dürftigen Besucherzahl hielt Gregg, der über einen Hintergrund in Recht und Politik verfügt (er war zwei Amtszeiten lang Mitglied des Repräsentantenhauses von Pennsylvania, wo er den Gesetzesentwurf zur Beendigung steuerfinanzierter Abtreibungen in diesem Bundesstaat verfasste), die überzeugendste Verteidigungsrede für das Leben Ungeborener, die ich je gehört hatte. Das war schon beeindruckend genug.

> Aber dann zeigte er die Bilder. Schreckliche Bilder, die einen zum Weinen brachten.
>
> Im Verlauf eines siebenminütigen Videos, das eine Abtreibung darstellte, änderten sich meine Berufswünsche für immer, auch wenn es ein paar Monate dauerte, bis ich es bemerkte. Gregg bat uns, an die beiden religiösen Würdenträger im Gleichnis vom barmherzigen Samariter zu denken, die, obwohl sie höchstwahrscheinlich *Mitleid* mit dem zusammengeschlagenen Opfer hatten, nicht so handelten, als hätten sie Mitleid. Nur der barmherzige Samariter hatte Mitleid und bewies damit, dass er seinen Nächsten wirklich liebte.[73]

Zu dieser Zeit war Klusendorf als Hilfs-Pastor in Südkalifornien tätig. In den nächsten Monaten änderten sich seine Karrierepläne. „Als ich sah, wie [Gregg] auf die Annehmlichkeiten dieses Lebens verzichtete, um ungeborene Menschen zu retten", schrieb er, „verlor ich meine Lust auf einen einfachen Job ... Greggs bekanntestes Zitat verfolgt mich bis heute: *„Die meisten Menschen, die sagen, dass sie gegen Abtreibung sind, tun gerade genug, um ihr Gewissen zu beruhigen, aber nicht genug, um das Töten zu stoppen."* Das ist eine erschütternde Wahrheit. Jedes Mal, wenn ich in Versuchung bin, aufzugeben, erinnere ich mich daran."[74]

Troy Newman ist der Präsident von Operation Rescue (dt. Operation Rettung), einer Organisation, die sich auf die Schließung von Abtreibungskliniken durch wirkungsvolle Undercover-Enthüllungen und die Verabschiedung von Regulierungsgesetzen konzentriert. Als Ergebnis dieser Arbeit wurden Dutzende von Kliniken geschlossen - aber Newman hatte ursprünglich nicht vor, sich der Lebensrechtsbewegung anzuschließen. Als junger Mann war er Kundendiensttechniker bei Loral Aerospace und Subunternehmer für das Verteidigungsministerium. Dann, in seinen Flitterwochen, reichte ihm ein Pro-Life-Aktivist ein Bild eines abgetriebenen Babys. Dieses Bild veränderte den Verlauf seines Lebens:

> Mein erster Blick auf die Fotos von Abtreibungsopfern brach mir das Herz. Ich hatte das Gefühl, auf ein Bild aus dem Zweiten Weltkrieg zu starren. Ich dachte, so etwas könne nicht passieren, aber es war so. Ich dachte: *Das ist mein Land. Meine Familie hat in Kriegen gekämpft, um so etwas zu verhindern. Wo bleibt der Aufschrei? Wo bleibt die Empörung? Wie kann so etwas geschehen?* Also beschloss ich, etwas zu tun, auch wenn ich erst viel später wusste, was das bedeutete. Ich begann mit einem Schild, dann mit einer Rettung, und dann war mein ganzes Leben darauf ausgerichtet, das Töten zu beenden. Ich glaube, ich habe alles gemacht, was die Lebensrechtsbewegung anbietet. Ich habe Beratungsstellen für Schwangere in Not gegründet, ich habe protestiert, wurde verhaftet, habe Fotos von Abtreibungsopfern verwendet, wurde verklagt, habe Prozesse geführt, vor großem Publikum gesprochen, neue Gesetze geschaffen, saß in Büros von Geistlichen und Politikern, habe Bücher geschrieben und wurde aus Ländern ausgewiesen, nachdem Politiker mich und meine Arbeit verleumdet hatten. Aber alles begann mit einem Bild eines vernichteten Babys und eines gebrochenen Herzens.

Mark Harrington, der als Geschäftsführer des Center for Bio-Ethical Reform Midwest tätig war, bevor er 2011 die in Ohio ansässige Pro-Life-Organisation Created Equal gründete, war Vertriebsmitarbeiter beim weltgrößten Sicherheitsunternehmen, als er einem Opfer einer Abtreibung gegenüberstand. Es war 1992, kurz vor der Wahl von Bill Clinton:

> Meine Frau Paula, mit der ich seit einem Jahr verheiratet war, hatte sich ehrenamtlich in einem örtlichen Schwangerschaftskonfliktzentrum engagiert. Sie zeigte mir ein Foto eines Abtreibungsopfers. Diesen Moment werde ich nie vergessen. Es war, als stünde die Welt still. Meine Augen waren auf die kleinen Hände und Füße dieses armen, acht Wochen alten abgetriebenen Babys gerichtet. Ich schrie: „Das ist falsch! Das darf nicht passieren!" Das Bild dieses kleinen Babys hat sich für immer unauslöschlich in mein Gehirn eingebrannt. Ich wurde für

> den Massenmord durch Abtreibung sensibilisiert. Dieser Tag hat mein Leben verändert. Als frischgebackener Christ veranlasste mich das Bild des Abtreibungsopfers dazu, zu untersuchen, was ich tun könnte, um das Töten zu beenden. Dieser Moment im Jahr 1992 war der Auslöser für 25 Jahre Pro-Life-Arbeit. Seitdem habe ich nichts bereut. Wenn ich müde oder entmutigt bin, nutzt Gott diese wichtige Erinnerung, um mich daran zu erinnern, für wen wir kämpfen.

Die profiliertesten verdeckten Ermittler der Lebensrechtsbewegung wurden ebenfalls in die Bewegung hineingezogen, nachdem sie Fotos von Abtreibungsopfern gesehen hatten. Lila Rose gründete ihre Organisation Live Action im Alter von 15 Jahren und veröffentlichte verdeckte Videos, in denen sie die verschiedenen Lügen von Planned Parenthood aufdeckte, indem sie sich als schwangeres Mädchen ausgab und ihre Gespräche mit Mitarbeitern von Abtreibungskliniken auf Video aufnahm. Aber ihr Herz wurde zum ersten Mal berührt, als sie im Alter von neun Jahren ein Foto eines abgetriebenen Babys sah – dieses kleine Opfer hat sie nach eigenen Angaben tief bewegt.

Auch David Daleiden engagierte sich im Alter von 15 Jahren in der Lebensrechtsbewegung und arbeitete mit Pro-Life-Campusgruppen zusammen, um Veranstaltungen zu ermöglichen, bevor er sich Live Action anschloss und schließlich seine eigene Organisation, das Center for Medical Progress, gründete. Die Undercover-Videos von Abtreibern und Mitarbeitern von Planned Parenthood, die bei Salaten und Wein in aller Ruhe über das Zerquetschen und Zerstückeln ungeborener Kinder sprechen, wurden von Daleiden und seinen Ermittlerkollegen im Rahmen einer dreijährigen Undercover-Ermittlung aufgenommen und erschütterten 2015 die Abtreibungsindustrie und das ganze Land. Auch Daleiden sagt, dass es Fotos von abgetriebenen Babys waren, die ihn ursprünglich dazu veranlassten, sich in der Lebensrechtsbewegung zu engagieren.

Selbst der Titan der Lebensrechtsbewegung, Joe Scheidler, der wegen seiner bahnbrechenden Aktivistentaktiken als „Pate der gewaltfreien

Aktion" bekannt ist, war von den Fotos von Abtreibungsopfern tief beeindruckt. Wie er in seinen Memoiren *„Racketeer for Life: Fighting the Culture of Death from the Sidewalk to the Supreme Court"* (dt.: *„Erpresser fürs Leben: Kampf gegen die Kultur des Todes vom Bürgersteig bis zum Obersten Gerichtshof"*) aus dem Jahr 2016 berichtet, wurde Scheidler eines Tages bei einer Kundgebung in der Innenstadt von Chicago in seinem Alltag unterbrochen. Man reichte ihm ein Bild von einem Eimer mit Babyleichen, das in einem Krankenhaus in Toronto aufgenommen worden war. Es erregte seine Aufmerksamkeit: Eines der abgetriebenen Babys sah seinem kleinen Sohn Eric zum Verwechseln ähnlich. Scheidler begann sofort, sich ein Leben lang für das Lebensrecht einzusetzen, und sein Sohn Eric hat seine Nachfolge an der Spitze der Pro-Life Action League angetreten.

Die Fotografie von Abtreibungsopfern hatte nicht nur einen immensen Einfluss auf die öffentliche Meinung, sondern verwandelte auch viele gewöhnliche Männer und Frauen in einige der einflussreichsten und effektivsten Anführer der Lebensrechtsbewegung. Diese Anführer wiederum haben Organisationen gegründet, die die kraftvolle Wahrheit, die ihr Leben verändert hat, unzähligen anderen Menschen näherbringen wollen.

Die Zahl der durch die Fotografie von Abtreibungsopfern geretteten Leben ist unermesslich.

Fazit

Es ist für mich unbegreiflich, wie wir uns angesichts dieser Tatsache blind stellen können. Ich erinnere mich, als ich 2012 auf dem Parteitag der Demokraten war ... und an dieser Ausstellung vorbeiging – es war die Anti-Abtreibungs-Fraktion – und sie waren mit diesen Bildern von abgetriebenen Babys da draußen. Und ich ging vorbei und dachte, was die meisten Menschen aus Großstädten dachten – ich dachte: „Wow, wie taktlos. Das sind hässliche Bilder – sollte ich mir das wirklich auf einem öffentlichen Platz ansehen müssen? Das ist wirklich hässlich. Und dann wurde mir klar, dass die Menschen wahrscheinlich so mit Bildern der Sklaverei in den 1850-er Jahren umgegangen sind, dass die Menschen wahrscheinlich so mit Bildern des Holocaust in den 1940-er Jahren umgegangen sind. Das Fazit ist, dass man vielleicht etwas dagegen unternehmen sollte, wenn es so hässlich ist, anstatt darüber zu jammern, wie hässlich es ist.

Ben Shapiro
Kommentator und Bestsellerautor der New York Times

Ein Grund, warum sich so viele Lebensrechtler unwohl fühlen, wenn Abtreibungsopfer fotografisch in der Öffentlichkeit dargestellt werden, ist genau der Grund, den Ben Shapiro nennt – dass es hässlich ist und dass wir blind geworden sind für die Tatsache, dass wir in einer Gesellschaft leben, in der jeden Tag echte Menschen auf grausame Weise vernichtet werden. Wir sind blind geworden, weil wir es auch geschafft haben, unser Leben weiterzuführen und zu vergessen, dass hinter verschlossenen Türen, knapp außerhalb unserer Sichtweite, Leben beendet werden. Pro-Life-Aktivisten, die die schrecklichen Beweise dafür vor Augen führen, dass unser angenehmes Leben unverdient ist und

Tausenden verwehrt wird, werden oft als „Ruhestörer" angesehen - obwohl Fotos von Abtreibungsopfern zeigen, dass viele zwar nach Frieden rufen, es aber keinen gibt.

Es ist genau diese Tatsache, die Ben Shapiro dazu brachte, seine Meinung über die Fotografie von Abtreibungsopfern zu ändern. Als ihn ein Student bei einer Campusveranstaltung fragte, was seiner Meinung nach die beste Debattentaktik gegen eine Person sei, die für das Recht auf Abtreibung eintritt, zögerte Shapiro nicht: „Zeige ihr ein Bild von einem toten Baby. Ende der Geschichte." Er erinnerte sich auch daran, wie er auf dem Parteitag der Demokraten 2012 auf Fotos von Abtreibungsopfern gestoßen war, und bemerkte, dass er Männer herumlaufen sah, „die Anstecker mit der Aufschrift »Ich liebe Pro-Choice-Mädchen« trugen." Shapiro hielt inne und verdrehte die Augen: „Ich kann mir nicht vorstellen, warum." Das Gelächter der Studenten bestätigte, dass auch sie wussten, warum: Männer, die sich vor Verantwortung drücken wollen, stehen auf Mädchen, die bereit sind, ihre Nachkommen abzutreiben.

Diese Bilder mögen roh sein, sagte Shapiro den Schülern, aber „scheiß auf roh - sie sind *authentisch*. Tatsache ist, dass Menschen ein „Du-hast-mir-den-Tag-verdorben-Syndrom" haben, das heißt, sie wollen im Alltag keine hässlichen Dinge sehen, und wenn man ihnen hässliche Dinge zeigt, regen sie sich auf. Nun, man darf den Menschen nicht das Gefühl geben, dass sie moralisch überlegen sind, weil sie Kinder töten wollen - und das sind *Kinder*." Er hat Recht. Es *sind* Kinder. Und weil wir diese Kinder im Stich lassen, werden sie zu Hunderttausenden getötet.

Es gibt Menschen, die zwar die Notwendigkeit von Fotos von Abtreibungsopfern anerkennen, aber der Meinung sind, dass diese Beweise nicht öffentlich gezeigt werden sollten. Die vorangegangenen Kapitel zeigen, warum diese Sichtweise unzusammenhängend ist. Sozialreformer haben in den letzten 300 Jahren die Notwendigkeit erkannt, die Öffentlichkeit mit Tatsachen zu konfrontieren, und sie wussten, dass sich die öffentliche Meinung niemals ändern würde, wenn sie darauf warten würden, dass Menschen freiwillig die von ihnen zusammengetragenen

Beweise sehen – insbesondere, wenn diese Beweise die Macht hätten, Irrtümer zu zerstreuen, an denen die Menschen verzweifelt festhalten wollten. Ohne die öffentliche Zurschaustellung von Abtreibungsopfern wird die still und heimlich vollzogene Vernichtung dieser Opfer weiterhin vertuscht bleiben. Kein Unrecht hat jemals ein Ende gefunden, solange die Opfer der Öffentlichkeit verborgen blieben.

Manche sagen, dass es „lieblos" sei, Fotos von Abtreibungsopfern in der Öffentlichkeit zu zeigen. Diese Fotos seien so herzzerreißend und sogar verstörend, sagen diese Kritiker, dass sie nicht mit Liebe gezeigt werden könnten. Aber das stimmt nur, wenn wir nicht innehalten, um tatsächlich zu definieren, was das Wort „Liebe" wirklich bedeutet. „Liebe" ist nicht einfach ein Gefühl der Zuneigung oder ein Shakespeare-Gefühl. „Liebe" bedeutet, das Beste für den anderen zu wollen oder das Wohl des anderen zu wollen. Jemanden so sehr zu lieben, dass man ihm die Wahrheit sagt, eine Wahrheit, die so stark ist, dass sie ihn davon abhalten könnte, eine irreversible Handlung zu begehen, die das Leben seines Kindes beenden und ihn auf vielen Ebenen zutiefst verletzen würde – das ist Liebe. Die Fotos von Abtreibungsopfern zeigen lediglich eine brutal lieblose Handlung. Tatsächlich zeigt das Risiko, das mit einem solchen Aktivismus einhergeht, dass Pro-Life-Aktivisten diese Frauen mehr lieben als ihr eigenes Wohlbefinden oder ihren guten Ruf.

Es gibt noch eine Person, die von den Kritikern oft vergessen zu werden scheint: das ungeborene Kind. Wenn die Fotografie von Abtreibungsopfern eine der wirksamsten Methoden ist, um Herzen und Meinungen zu verändern, ist es dann nicht eine Form der Liebe zum ungeborenen Kind, diese Bilder zu zeigen und zu sehen, wie vielen Kindern ein schrecklicher Tod erspart bleibt? Allzu oft vergessen oder ignorieren diejenigen, die Lebensrechtler kritisieren, das *ungeborene Kind* völlig und konzentrieren sich nur auf die Gefühle geborener Menschen. Sie behaupten, dass diese Bilder nicht gezeigt werden sollten, weil sie manche Menschen stören, während sie die Zeugnisse von Meinungsänderungen und geretteten Leben ignorieren und fälschlicherweise behaupten, dass die Bilder wirkungslos sind.

Genau durch diese Reaktion zeigen die Kritiker, dass Fotos von Abtreibungsopfern gezeigt werden *müssen*, damit wir bei strategischen Fragen in erster Linie an das Schicksal ungeborener Kinder denken. Diejenigen, die die Gefühle geborener Menschen über das Leben ungeborener Kinder stellen, zeigen, wie sehr sich unsere Gesellschaft – und sogar Lebensrechtler selbst – an die tägliche Zahl der Todesopfer durch Abtreibung gewöhnt haben. Unsere Gesellschaft hat legale Abtreibung als Tatsache akzeptiert und sogar viele Christen haben sich damit abgefunden. Der Beweis, dass Abtreibung ein brutaler Gewaltakt ist, stört diesen Frieden, und das ist auch gut so.

Lebensrechtler sollten aus diesem Buch Hoffnung schöpfen. Ich werde oft gefragt, wie ich nicht zynisch werde, wenn man bedenkt, dass ich fast jeden Tag mit der hässlichsten Schattenseite unserer Gesellschaft zu tun habe. Ich habe nicht nur genug Fotos und Filmmaterial von Abtreibungsopfern für mehrere Leben gesehen, sondern auch winzige, zerfetzte Leichen in Müllcontainern hinter Abtreibungskliniken. Ich habe die Opfer des Egoismus unserer Kultur aus erster Hand gesehen – aber mir ist auch klar geworden, dass diese winzigen Kinder auch die unsichtbaren Opfer der Gleichgültigkeit unserer Kultur sind, die dadurch aufrechterhalten wird, dass sie leise und außer Sichtweite getötet werden.

Aber ich hatte auch das Privileg, aus erster Hand zu sehen, was passiert, wenn die Ungerechtigkeit aufgedeckt wird. Ich habe gesehen, wie Hunderte von Menschen ihre Meinung geändert haben. Ich habe gesehen, wie sich Paare innerhalb weniger Minuten gegen eine Abtreibung entschieden haben, nachdem sie sich einfach ein Bild von einer Abtreibung angesehen haben, das ihnen alles klarmachte. Ich habe einen kleinen Jungen in meinen Armen gehalten, der heute lebt, weil seine Mutter an Fotos von Abtreibungsopfern vorbeiging, die von Pro-Life-Aktivisten auf dem Bürgersteig gehalten wurden, woraufhin sie ihre Abtreibung absagte. Ich sehe die Hässlichkeit, ja. Aber ich sehe auch, wie sie jeden Tag ein wenig verschwindet. Jeden Tag werden mehr Menschen mit der Wahrheit konfrontiert. Jeden Tag ändert diese Wahrheit die

Sichtweise der Menschen. Jeden Tag rettet dies Leben. Diese hässlichen Bilder werden zur Verteidigung einer schönen Wahrheit gezeigt: Menschliches Leben ist kostbar.

Ich möchte euch mit einem Beispiel entlassen. Vor einiger Zeit hielt ich im Haus einer Pro-Life-Familie einen Vortrag über die Opferfotografie bei Abtreibungen und Pro-Life-Aktivismus, indem ich die Geschichte der Sozialreform ausführlich darlegte und Beispiele für gerettete Leben und veränderte Meinungen auf der Straße vorstellte. Als ich den Vortrag beenden wollte, stand eine unserer Gastgeberinnen, eine junge Mutter, auf und Tränen liefen ihr über das Gesicht.

„Ich möchte nur noch eines hinzufügen", sagte sie. „Am Samstag ist die fünfte Geburtstagsparty meines Sohnes. Die Mutter einer seiner kleinen Freunde, der vorbeikommt, wollte ihn abtreiben. Dann hat sie diese Bilder gesehen und ihre Meinung geändert. Hier geht es um *echte Kinder*, und eines von ihnen kommt in ein paar Tagen zur Geburtstagsparty meines Sohnes."

Und für Kinder wie diesen kleinen Jungen arbeiten Pro-Life-Aktivisten so hart daran, diese Ungerechtigkeit aufzudecken.

Epilog

Im Januar 1976 wurde im Magazin Esquire ein Essay von Dr. Richard Selzer mit dem Titel „Was ich bei der Abtreibung sah" veröffentlicht. Selzer bezeichnete sich selbst nicht als religiös - er hatte „keine übergeordnete religiöse Einstellung" und war nach seinen eigenen Worten „aufgeklärt" - und er war sicherlich kein Mitglied der Lebensrechtsbewegung. Dr. Richard Selzer war weit davon entfernt, ein Mann zu sein, der beim Anblick von Blut zurückschreckte. Er war Professor für Chirurgie an der Yale University und hatte unzählige blutige Eingriffe, schreckliche Krankheiten und bösartige Infektionen gesehen. Und doch zeugt der Aufsatz, den er schrieb, nachdem er einem seiner Kollegen bei einer vermeintlichen „Routine"-Abtreibung in der 24. Schwangerschaftswoche zugesehen hatte, von den banalen Schrecken, die wir als selbstverständlich hinnehmen:

> Im Raum sind wir zu sechst: zwei Ärzte, zwei Krankenschwestern, die Patientin und ich. Die Beteiligten sind beschäftigt, sehr aufmerksam. Ich bin überhaupt nicht beschäftigt - aber ich bin nicht weniger aufmerksam. Ich will sehen.
>
> *Ich sehe etwas!*
>
> Es ist unerwartet, völlig unerwartet, wie eine Störung in der Erde, ein tumultartiges Rütteln. Ich sehe hier etwas, das anders ist als das, was ich erwartet habe. Ich sehe eine Bewegung - eine kleine. Aber ich habe sie gesehen. Und dann sehe ich es noch einmal. Und jetzt sehe ich, dass es der Nadelkopf im Bauch der Frau ist, der gezuckt hat. Zuerst zur einen Seite. Dann zur anderen Seite. Noch einmal schwankt er, wird *gezogen*, wie eine Angelschnur, an der ein Sonnenfisch knabbert.

Wieder! Und ich *weiß!*

Es ist der *Fötus*, der sich so beunruhigt. Es ist der Fötus, der gegen die Nadel ankämpft. Kämpft? Wie kann das sein? Ich denke: *Das kann nicht sein.* Ich denke: Der Fötus empfindet keinen Schmerz, kann keine Angst fühlen, hat keine *Motivation*. Es ist lediglich ein Reflex. Ich zeige auf die Nadel. Es ist ein Reflex, sagt der Arzt …

Ein Reflex, sagt der Arzt. Ich höre ihn. Aber ich sah etwas. Ich sah etwas in dieser Zellmasse, *verstehe*, dass es sich bewegen muss. Und ich sehe es noch einmal! Ich habe den Impuls, mich an den Tisch zu stürzen – es ist nur ein Schritt – die Nadel zu ergreifen, sie herauszuziehen. Wir sind nicht zu sechst, denke ich. Ich denke, wir sind zu *siebt*.

Etwas stranguliert *dort*. Ein Bemühen, sein Bemühen, bindet mich daran. Ich stürze nicht zum Tisch. Ich mache keinen kleinen Schritt. Es wäre Wahnsinn. Jeder hier will die Nadel, wo sie ist. Sechs wollen es. Nein, *fünf* wollen es …

Ich weiß. Wir können die Vielen nicht ernähren. Es ist kein Platz mehr. Ich weiß, ich weiß. Es ist das Recht der Frau, das Risiko abzulehnen, den Schmerz der Geburt zu verweigern. Und ein unerwünschtes Kind ist eine sehr große Last … Und doch gibt es das Zucken dieser Nadel. Ich *sah* es. Ich *fühlte* – in diesem Raum, einen Schritt entfernt, Leben angestachelt, Leben, das sich am Verteidigen ist. Ich *sah*, wie das Leben weggerissen – von der Flut weggespült wird, ins Schwarze – und dann *weg* …

Klingt das wie ein Argument? Ich hoffe nicht. Ich versuche nicht zu argumentieren. Ich sage nur, ich habe gesehen. Das Zucken. Was auch immer sonst zur Verteidigung von Abtreibung gesagt werden mag, die Beobachtung dieser einzigartigen Verteidigung wird nicht aus meinen Augen verschwinden. Was ich sah, das sah ich so: Eine *Verteidigung*, eine Bewegung von, ein Bemühen *weg*. Und es ist passiert, dass man jetzt nicht

> mit mir argumentieren kann. Denn was kann die Sprache gegen die Wahrheit dessen tun, was ich sah?[75]

Trotz einer Flut von Argumenten für die Position der Abtreibungsbefürworter *sah* Dr. Richard Selzer *etwas*, und was er sah, veränderte ihn für immer. Er sah ein winziges menschliches Wesen, das sich schwach gegen die Eindringlinge zu wehren versuchte, die gekommen waren, um es zu zerstören, und scheiterte. Diese schreckliche Wahrheit ist so mächtig, dass sie den Lauf des Lebens von Menschen verändern kann. Fotos von den traurigen Überresten kleiner Mädchen und Jungen können bloße Argumente und schwache Philosophien in den Schatten stellen und eine Erkenntnis vermitteln, die Männer und Frauen davon abhalten kann, dasselbe schreckliche Verbrechen an ihren eigenen Kindern zu begehen.

Denn sehen heißt verstehen.

Anhang I

Eine kurze Geschichte der Verwendung von grafischen Darstellungen in der Pro-Life-Arbeit

Von Dr. Monica Miller

Mitte der 1960-er Jahre war die Legalisierung von Abtreibungen in Amerika bereits in vollem Gange. Die ersten Aufklärungsbemühungen von Lebensrechtlern konzentrierten sich auf die Präsentation von Fotos der vorgeburtlichen Entwicklung, wobei häufig auf die berühmten Fotos von Lennart Nilsson zurückgegriffen wurde, die erstmals im *Life-Magazin* (30. April 1965) veröffentlicht wurden. Beunruhigende Bilder von verstümmelten, zerstückelten abgetriebenen Babys waren ebenfalls ein Standardbestandteil der frühen Aufklärungsmaterialien von Lebensrechtlern, insbesondere die allgegenwärtigen „Willke-Dias", ein Satz Fotos in einer Schachtel, die in einen inzwischen veralteten Karussell-Diaprojektor geladen wurden. Diese von Dr. Jack Willke, dem ehemaligen Präsidenten des National Right to Life Committee, und seiner Frau Barbara entwickelten Dias wurden häufig in katholischen Gemeinden eingesetzt, um Kirchgänger über die Notwendigkeit aufzuklären, das Urteil in der Rechtssache *Roe vs. Wade* rückgängig zu machen. Mit diesen Dias konnte ein Aktivist der Lebensrechtsbewegung fast überall sofort eine Bildungsveranstaltung organisieren.

Willkes *Handbuch zur Abtreibung* (1971) könnte man als die Bibel der Lebensrechtler bezeichnen - praktisch alle ernsthaften Lebensrechtler in den 1970-er und 1980-er Jahren besaßen ein Exemplar und verließen sich auf die darin enthaltenen Fakten, Daten und Argumente. Das *Handbuch* enthielt anschauliche Bilder von abgetriebenen Babys, darunter auch das weit verbreitete Schwarz-Weiß-Foto von spät abgetriebenen Babys, die in einem kanadischen Krankenhaus getötet und in einem Müllbeutel gefunden wurden. Auf der Rückseite des *Handbuchs* wurde weitere Pro-Life-Literatur beworben, die äußerst detaillierte Fotos von Abtreibungsopfern enthielt. Diese Broschüren gehörten zu den am weitesten verbreiteten Materialien, um die schlafende Öffentlichkeit auf die Ungerechtigkeit der legalisierten Abtreibung aufmerksam zu machen. Dazu gehörte auch die Broschüre „Leben oder Tod", auf deren Titelseite ein ungeborenes Kind abgebildet war, das durch die Abtreibungsmethode mit Kochsalzlösung getötet wurde. In einer späteren Ausgabe des *Handbuchs* heißt es, dass diese grafischen Unterlagen maßgeblich dazu beigetragen haben, dass das Referendum in Michigan 1972 die Legalisierung der Abtreibung abwenden konnte.

Eines der wichtigsten Bücher, die jemals zum Thema Abtreibung veröffentlicht wurden, ist *„Abortion and Social Justice"* (1972) [dt.: *Abtreibung und soziale Gerechtigkeit*] von Dennis Horan und Thomas Hilgers, ein Sammelband mit Kapiteln zu den medizinischen, rechtlichen und sozialen Aspekten der Abtreibung. Dieser frühe Pro-Life-Band enthielt nicht nur Schwarz-Weiß-Fotos der fötalen Entwicklung, sondern auch sehr anschauliche Farbfotos von Abtreibungsopfern.

In den Anfängen der Lebensrechtsbewegung nutzten fast alle großen Gruppen wie Human Life International, das National Right to Life Committee und die American Life League drastische Bilder. Aber die Aufklärungsarbeit beschränkte sich nicht nur auf Standbilder: Einer der ersten Pro-Life-Filme war 1983 der einstündige Film *Assignment: Life* [dt.: *Auftrag: Leben*], in dem eine Schauspielerin, die eine Journalistin spielt, Edward Allred interviewt, den tatsächlichen Besitzer von Abtreibungskliniken in den USA. Allred lässt die Reporterin in den Behandlungsraum seiner kalifornischen Klinik, wo sie zusieht, wie ihr Kamerateam Allred dabei filmt, wie er eine Spätabtreibung an einem fünf Monate alten ungeborenen Kind vornimmt. Nach der Abtreibung konzentriert sich die Kamera auf die tote, schlaffe, rote und schockierende Leiche des Mordopfers.

1984 produzierte der ehemalige Abtreiber Bernard Nathanson mit Hilfe des National Right to Life Committee den wohl bekanntesten Pro-Life-Film, *„Der stumme Schrei"*. Nathanson führt den Zuschauer durch eine Abtreibung, die per Ultraschall aufgezeichnet wurde. Der Zuschauer sieht ein zwölf Wochen altes ungeborenes Baby, das die Gefahr wittert und sich von den Abtreibungsinstrumenten wegbewegt, nur um dann durch die Kraft der Absaugkanüle zerstückelt zu werden.

Drei Jahre später erzählte Nathanson einen weiteren Film mit dem Titel *„Eclipse of Reason"* (dt.: *„Vernunftfinsternis"*), in dem der Schauspieler Charlton Heston eine Einführung gab. Dieser Film zeigte sehr drastische Bilder einer Spätabtreibung mit Dilatation und Evakuierung (D&E) und zeigte sogar, wie die Körperteile des Babys aus dem Mutterleib entfernt werden.

Drastische Darstellungen in Pro-Life-Filmen erreichten 1991 einen Höhepunkt mit dem kurzen, aber sehr anschaulichen Video *The Hard Truth* [dt.: *Die harte Wahrheit*], das von Gregg Cunningham vom Center for Bio-Ethical Rcform produziert wurde. In dem nur sieben Minuten langen Video, dessen Bilder nur von der eindringlichen Musik „Malediction" [dt.: *„Verwünschung"*] begleitet wurden, wurden Filmaufnahmen von brutalen Polizeieinsätzen gegen Lebensrechtler, die Kliniktüren blockierten, den zerfetzten, verstümmelten Körpern abgetriebener Kinder gegenübergestellt.

In den Anfängen der Bewegung waren die Lebensrechtler auf die wenigen medizinischen Fotos von Abtreibungsopfern angewiesen oder auf die wenigen Fotos, die von mitfühlenden Pathologen gemacht wurden, die Zugang zu den Leichen hatten. Dann, in den frühen 1980-er Jahren, nach zehn Jahren legalisierter Abtreibung und zig Millionen durchgeführter Abtreibungen, bekamen die Lebensrechtler selbst mehr Zugang zu den Leichen der abgetriebenen Babys. Sagen wir einfach, es waren mehr von ihnen zu finden.

Viele „Leichenfunde" waren einfach das Ergebnis der Entdeckung der Überreste abgetriebener Babys in Müllcontainern hinter den Kliniken, in denen sie getötet worden waren. Manchmal wurden die Leichen aus den Pathologielabors geschmuggelt und an Lebensrechtler übergeben. Jetzt fotografierten die Aktivisten selbst Abtreibungsopfer - wenn auch nur amateurhaft - und waren hoch motiviert, der Welt die Wahrheit über Abtreibung zu zeigen. Diese Fotos, die zu riesigen Plakaten vergrößert wurden, waren ein gängiges Element bei öffentlichen Pro-Life-Demonstrationen. Mit der zunehmenden Intensität des Pro-Life-Aktivismus widmeten sich einige Lebensrechtler in den 1980-er und 1990-er Jahren ausschließlich der Produktion dieser Plakate und stellten sie der Bewegung zur Verfügung - und sie legten großen Wert auf die Perfektionierung der Produktionsmethoden und der Qualität der Bilder. Einer dieser Lieferanten war Chet Kilgore aus Wisconsin, der in einem Wohnwagen lebte und es schaffte, Tausende von Plakaten mit drastischen Bildern aus Negativen, die ihm von Lebensrechtlern zur Verfügung gestellt wurden, in Serie zu produzieren.

1982 kam es zu einem großen Abtreibungsskandal, als die Leichen von über 16.000 abgetriebenen Babys in einem Sattelschlepper entdeckt wurden, den der Pathologe Malvin Weisberg aus Los Angeles gemietet und im Hinterhof seines Hauses in der gehobenen Gegend Woodland Hills abgestellt hatte. Die Abtreibungsopfer, von denen viele zwischen der 20. und 30. Schwangerschaftswoche getötet wurden, wurden von Abtreibern in den ganzen USA zu Weisberg gebracht. Dieser Leichenfund war der Anlass für einige der verstörendsten Fotos von Abtreibungsopfern, die je gemacht wurden, als der Pro-Life-Aktivist Albin Rhomberg mit einer 35-Millimeter-Kamera ausgestattet in das Büro des Gerichtsmediziners von L.A. County eindrang. Seine schockierenden Fotos wurden in einer weit verbreiteten Mini-Zeitung mit der Überschrift „American Holocaust" veröffentlicht. Rhombergs Fotos gehörten zu den ersten, die den Horror der Spätabtreibungen aufdeckten.

Eines der Fotos, das von Pro-Life-Aktivisten oft verwendet wird, ist das eines Babys namens Malachi, das in der 21. Schwangerschaftswoche abgetrieben wurde. Der übel zugerichtete Körper des Babys liegt waagerecht auf dem Foto, sein Kopf und seine Beine sind vom Torso abgetrennt. Auf der Website der Operation Save America (OSA), einer in

Texas ansässigen Pro-Life-Gruppe unter der Leitung von Flip Benham, wird die Geschichte der Entdeckung von Malachi im Jahr 1993 erzählt, dessen Überreste zusammen mit drei anderen abgetriebenen Babys in einem Plastikbehälter lagen. Die Leichen wurden in einer Abtreibungsklinik in Dallas von OSA-Mitgliedern „entdeckt". Ohne zu erklären, wie oder warum sie sich Zugang zu dem Abtreibungszentrum verschafften, beschreibt eine OSA-Broschüre das Erlebnis: In der Abtreibungsklinik gab es Gläser über Gläser mit eingefrorenen Kindern. Rhonda Mackey, unsere damalige Sekretärin, brachte dieses eine Glas heraus und fragte mich, was wir damit tun sollten. Ich hatte keine Ahnung, aber ich wusste instinktiv, dass wir es nicht dort lassen konnten. Wir brachten das Glas zu Dr. McCarty, einem wunderbaren Gynäkologen in Dallas, der die Teile dieses Babys und die der anderen wieder zusammensetzte.

Der gesamte Vorgang wurde auf Video aufgenommen, während Dr. McCarty und alle Anwesenden über die Rekonstruktion dieser kostbaren Kinder weinten. Das Leben, das einst da war, war nun für immer verschwunden. Uns allen wurde klar, dass Gott uns diese Kinder geschenkt hatte, um der ganzen Welt den Horror der Abtreibung zu zeigen. Ein Bild kann lauter sprechen als eine Wagenladung von Worten.

Wir beteten und baten Gott, dass dieser kleine Junge zu unserer Nation sprechen möge. Wir erinnerten uns an die Bibelstelle in Hebräer 11,4: *„... er redet noch, obwohl er tot ist."* ... Maleachi bedeutet „mein Bote".

1987 taten sich Citizens for a Pro-Life Society und die Pro-Life Action League zusammen und holten die Überreste abgetriebener Babys aus einem Müllcontainer hinter dem Michigan Avenue Medical Center in Chicago und 1988 von der Laderampe des Pathologielabors von Vital Med in Northbrook, Illinois. Insgesamt wurden fast 6.000 Abtreibungsopfer geborgen und fotografiert. Human Life International (HLI) hat einige dieser Bilder auf Postergröße vergrößert und sie Aktivisten im ganzen Land zur Verfügung gestellt. Ein Foto, das ich gemacht habe, zeigt das Gesicht eines schwarzen ungeborenen Babys, das in der einundzwanzigsten Schwangerschaftswoche durch D&E getötet wurde. HLI fertigte ein Poster dieses Opfers mit der Aufschrift „Civil Rights?" [dt.: Bürgerrechte?] an.

Bestimmte Pro-Life-Gruppen wie das Center for Bio-Ethical Reform (CBR) und Created Equal konzentrieren sich ganz auf die öffentliche Zurschaustellung von Bildern. Das CBR hat auf Hunderten von College-Campus in den USA das so genannte „Genocide Awareness Project" ins Leben gerufen, bei dem große Fotos von Opfern des Nazi-Holocausts, der Lynchmorde an Schwarzen und Bilder von abgetriebenen Babys ausgestellt werden. Damit soll eine Diskussion über die Ungerechtigkeit der Abtreibung angeregt werden.

Es ist wichtig, sich bewusst zu machen, dass fast jede größere Lebensschutzorganisation seit Beginn der Bewegung Fotos von Abtreibungsopfern verwendet hat - und dass ihre Verwendung in den ersten Jahren nicht diskutiert wurde. Vielmehr wurde es als selbstverständlich angesehen, dass solche Bilder ein wesentlicher Aspekt der Aufklärungsarbeit gegen Abtreibung sind.

Anhang II

Eine statistische Analyse der Wirksamkeit der Fotografie von Abtreibungsopfern

Von Dr. Jacqueline Harvey

Zusammenfassung

Die Verwendung von Bildern von Abtreibungsopfern in der Pro-Life-Arbeit ist vielleicht eine der dauerhaftesten Debatten innerhalb der Lebensrechtsbewegung. Während die Verfechter Fälle von geretteten Leben und veränderten Meinungen anführen, um die Wirksamkeit dieser Strategie zu belegen, bestehen die Gegner darauf, dass diese Bilder die Öffentlichkeit von anderen Strategien abhalten, von denen sie behaupten, sie könnten mehr Leben retten. Sie behaupten daher, dass diese Bilder das Anliegen der Lebensrechtsbewegung nicht voranbringen und die öffentliche Wahrnehmung der Lebensrechtsbewegung schädigen.

Um diese Theorie zu überprüfen, hat das Canadian Centre for Bio-Ethical Reform (CCBR) eine wissenschaftliche Studie über die Auswirkungen von Abtreibungsopferbildern in Auftrag gegeben. Das CCBR entwickelte eine Umfrage, die von einer unabhängigen Partei durchgeführt wurde – unmittelbar vor und nach gleichzeitigen Kampagnen in ausgewählten geografischen Gebieten. Durch die Befassung von Tausenden von Menschen in verschiedenen Stadtvierteln und die Befragung von 1.741 Personen konnte ein Wandel in der Weltanschauung der Abtreibungsbefürworter festgestellt werden: eine stärkere negative Wahrnehmung von Abtreibung, ein geringeres Maß an Toleranz und Liberalität gegenüber Abtreibungsgesetzen und ein deutlicher Anstieg an lebensbefürwortenden Ansichten, nachdem sie Bilder von Abtreibungsopfern gesehen hatten.

Die Zahl derer, die sich als absolute Lebensrechtler bezeichnen, stieg nach der Kampagne um fast 30%, während die Zahl derer, die sich als Pro-Choice bezeichnen, sank. Insgesamt gab es einen statistisch signifikanten Zuwachs von fast 17% in Richtung einer lebensbejahenden Weltanschauung. Bei denjenigen, die im Allgemeinen gegen Abtreibung sind, betrug der Zuwachs 7% und der entsprechende Verlust (bei den Abtreibungsbefürwortern) ebenfalls 7%. Der Grad der Toleranz gegenüber der Abtreibung ging statistisch gesehen zurück und die Unterstützung für die schrittweise Einführung von Pro-Life-Maßnahmen, wie z.B. Schwangerschaftswochenbegrenzungen für Abtreibungen, stieg insgesamt um 15%.

Die Einstellung zu Abtreibung veränderte sich in Richtung einer negativen Einstellung zur Abtreibung, wobei weniger Befragte angaben, Abtreibung positiv zu sehen, nachdem die Kampagne der CCBR gezeigt hatte, was Abtreibung wirklich ist, obwohl diese Ergebnisse statistisch nicht signifikant waren. Eine weitere Analyse ergab, dass die Stärke der eigenen Gefühle zum Thema Abtreibung eindeutig mit den politischen Ansichten zum Thema Abtreibung übereinstimmte: Diejenigen, die sich stark positiv gegenüber der Abtreibung fühlten, befürworteten keine gesetzlichen Einschränkungen, und diejenigen, die sich stark negativ gegenüber der Abtreibung fühlten, befürworteten ein vollständiges Verbot der Abtreibung. Dies deutet darauf hin, dass die Veränderung der öffentlichen Meinung über Abtreibung einen Einfluss darauf hat, wie die Menschen für Kandidaten stimmen, die bereit und in der Lage wären, gesetzliche Einschränkungen zu erlassen, die tatsächlich Leben retten. Die Bilder von Abtreibungsopfern haben diese Gefühle wirksam verändert: Über 90% der Befragten gaben an, dass der Anblick dieser Bilder ihre negativen Gefühle gegenüber der Abtreibung verstärkt hat.

Diejenigen, die vor der CCBR-Kampagne bereits ein Bild mit einem Abtreibungsopfer gesehen hatten, berichteten, dass die anderen Bilder ebenfalls negative Gefühle verstärkten. Dieser Anstieg war nach der CCBR-

Kampagne statistisch gesehen größer, was darauf hindeutet, dass die Präsentation des CCBR oder die Auswahl der Bilder für die Kampagne effektiver waren als die Bilder, die sie zuvor gesehen hatten. Dies deutet jedoch darauf hin, dass die Bilder von Abtreibungsopfern ungeachtet der Art der Präsentation an sich wirksam sind, um eine zuvor positive Wahrnehmung von Abtreibung zu ändern und einen Kulturwandel herbeizuführen.

Die Behauptung der Kritiker, dass die Bilder von Abtreibungsopfern die öffentliche Meinung nicht verändern können, ist ebenso unbegründet wie die Behauptung, dass diese Strategie kontraproduktiv oder unvereinbar mit anderen Strategien ist. Das bedeutet, dass die Gegner der Abtreibungsopferbilder-Strategie das Nachsehen haben, denn diese Strategie erwies sich als wirksames Instrument und evidenzbasiert. Es sind weitere Untersuchungen nötig, um herauszufinden, wo und wann diese und andere Strategien die beste Wahl für die Pro-Life-Arbeit sind.

Einführung

Pro-Life-Aktivisten und Organisationen, die Bilder von Abtreibungsopfern als Strategie einsetzen, um die Öffentlichkeit über die Schrecken von Abtreibung aufzuklären, sehen sich erheblicher Kritik und Widerstand gegen ihre Bemühungen ausgesetzt. Das ist sicherlich von denjenigen zu erwarten, die sich als Abtreibungsbefürworter identifizieren und sich unwohl fühlen oder nicht in der Lage sind, ihre Position zu verteidigen, wenn die Opfer zu sehen sind.[1] Allerdings erblassen die Widerstände der Abtreibungsbefürworter oft im Vergleich zu den Anfeindungen derjenigen, die sich selbst als Lebensrechtler bezeichnen, aber dennoch gegen die Verwendung von Bildern von Abtreibungsopfern sind und zwar selbst dann, wenn sie diese Strategie für ihren eigenen Überzeugungswandel verantwortlich machen.[2] Lebensrechtler, die den Einsatz von Abtreibungsopfern ablehnen, sind der Meinung, dass die Bilder nicht nur nicht dazu beitragen, die öffentliche Wahrnehmung gegenüber Abtreibung zu verändern und damit die Sache der Lebensrechtler nicht voranzubringen. Sie sagen vielmehr, dass aufgrund dieser Bilder die Bewegung einen Rückschlag erleidet, weil sie die öffentliche Meinung über die Lebensrechtbewegung und die Öffentlichkeit für andere Strategien schädigen, die ihrer Meinung nach wirksam *sind*.

Trotz der Häufigkeit und Heftigkeit dieser Debatten, die sich über mehrere Jahrzehnte erstreckten, wurde dieses Thema in der wissenschaftlichen Literatur praktisch ignoriert. Die Wirkung dieser Bilder auf die öffentliche Meinung ist jüngeren Debatten vorausgegangen, wie z.B. der Wirksamkeit von Abtreibungsregelungen auf Landesebene gegenüber einem bundesweiten Verbot. Doch während die Debatte um Personenverständnis oder Inkrementalismus[3] [dt.: Reformstrategie »der kleinen Schritte«] auf einer Fülle von Studien von Wissenschaftlern aus der Lebensrechtsbewegung[4] und aus abtreibungsfreundlichen Thinktanks[5] über die Auswirkungen dieser Gesetze auf die Abtreibungsraten beruht, gibt es in der Debatte um Bilder von Abtreibungsopfern keine wissenschaftlichen Erkenntnisse, die ihre Verwendung verteidigen oder verwerfen. Während die Gegner inkrementeller Gesetzgebungen eine kleine Minderheit darstellen (von denen sich viele nicht als Mitglieder der Lebensrechtbewegung identifizieren oder sich selbst in verschiedene Splittergruppen einordnen), sind die Gegner von Abtreibungsopferbildern sehr zahlreich und durchdringen ein breites Spektrum von Lebensrechtorganisationen, die dort, wo sie Einfluss haben, diesen auch ausüben können. Oft schließen sie sich mit Regierungsvertretern zusammen, um andere Organisationen zu behindern, die auf die Wirksamkeit des Einsatzes von Abtreibungsopferbildern schwören.[6] Das macht es noch wichtiger, diese Behauptungen der Lebensrechtbewegung zu untersuchen, als das, was sie bisher getan hat und weiterhin tun wird.

Es gibt formlose Versuche wie die Gegenüberstellung von Kommentaren und Anekdoten, um Beweise für die jeweilige Position zu liefern, pro und contra. Die Befürworter bieten ihre Erfahrungen an, um die Wirksamkeit von Bildern von Abtreibungsopfern zu untermauern,[7] während die Gegner, die keine oder nur wenige Beobachtungen oder Erfahrungen besitzen, ebenfalls versuchen, ihre Sichtweise zu begründen. Bestenfalls argumentieren sie mit Daten, die sie über die Wirksamkeit ihrer eigenen Ansätze haben, dass solche Bilder die Menschen, die sie in ihren Organisationen betreuen, abstoßen würden.[8]

Um diese Hypothesen zu testen, die Wirksamkeit der Abtreibungsopfer-Bilderstrategie zu belegen und die Wirkung ihrer Bemühungen zu verbessern, gab das Canadian Centre for Bio-Ethical Reform (CCBR) mehrere wissenschaftliche Umfragen in Auftrag, um die öffentliche Meinung zum Thema Abtreibung vor und nach ihren umfangreichen Kampagnen im Jahr 2015 zu ermitteln. Das CCBR verteilte Postkarten mit diesen Bildern an Tausende von Menschen und beauftragte eine unabhängige Organisation mit der Befragung von 1.741 Personen. Diese Stichprobengröße reicht aus, um die öffentliche Meinung innerhalb einer Fünf-Punkte-Spanne zu ermitteln, wobei die Ergebnisse mit 99-prozentiger Sicherheit auf die gesamte kanadische Bevölkerung (35.749.600) verallgemeinert werden können. [9]

Die Studie

Das Canadian Centre for Bio-Ethical Reform (CCBR) klärt die Öffentlichkeit mit Bildern von Abtreibungsopfern auf, die auf verschiedene Art und Weise gezeigt werden. Dazu gehören die Aktion *„Choice Chain"* (dt.: *„Entscheidungskette")*, bei der Gruppen von Aktivistinnen und Aktivisten mit Schildern und Literatur in der Hand versuchen, in stark befahrenen Fußgängerzonen einen Dialog anzuregen; der *„Truth Truck" (Wahrheits-LKW)*, auch bekannt als *„Reproductive Choice"-Kampagne*, zeigt Bilder von Abtreibungsopfern und wird während der Stoßzeiten auf Hauptverkehrsstraßen gefahren; das *„Genocide Awareness Project"* (dt.: *„Genozid-Bewusstseins-Projekt")*, ein Wanderprojekt, bei dem große Tafeln auf dem College-Campus aufgestellt und Tafeln und Banner in öffentlichen Bereichen wie Kreuzungen oder Autobahnüberführungen verwendet werden. Die CCBR stellt auch Literatur zur Verbreitung her: kleine Kärtchen, die großzügig verteilt werden können, und größere Postkarten, die per Post verschickt werden und in der Nachbarschaft von Tür zu Tür verteilt werden. [10]

Seit Jahren evaluiert das CCBR die Wirksamkeit seiner Bemühungen anhand der Reaktionen der Öffentlichkeit, entweder in Gesprächen bei persönlichen Veranstaltungen oder durch Anrufe und Korrespondenz. Die CCBR hat auch Umfragen durchgeführt, um die öffentliche Meinung zum Thema Abtreibung zu ermitteln und zu versuchen, die Wirksamkeit ihrer Kampagnen zu bestimmen. Bei solch groß angelegten Veranstaltungen ist es schwierig, genügend Personen zu ermitteln, die ihre Bemühungen mitbekommen haben. Selbst wenn genügend Befragte gefunden werden könnten, wären die Antworten auf die Umfragen nach der Veranstaltung ebenfalls begrenzt, da es keine Basisdaten gäbe, um die öffentliche Meinung vor der Kampagne zu ermitteln, um Veränderungen aufzuzeigen und um das Ausmaß der Veränderungen nach der Kampagne zu bestimmen. Die Kampagnen selbst müssten eine große Stichprobengröße erreichen, um repräsentativ für die öffentliche Meinung zu sein und durch eine Umfrage messbar zu werden.

Um diese Grenzen zu überwinden, wählte CCBR bestimmte geografische Gebiete aus, um sie mit Postkarten zu befragen. Die Postkarten wurden direkt an die Briefkästen in diesen Gebieten zugestellt, um sicherzustellen, dass die Zustellung nicht durch Postmitarbeiter behindert wurde. CCBR erstellte eine Umfrage und beauftragte das unabhängige Unternehmen Blue Direct[11] damit, die Antworten in diesen Zielgebieten unmittelbar vor und nach jeder Kampagne zu sammeln. Die Kampagnen umfassten mehr als ein Gebiet, um die Aussagekraft zu erhöhen, und wurden gleichzeitig durchgeführt (um den Zeitfaktor zu berücksichtigen): zuerst im Juni 2015 und dann im September 2015.

In der Umfrage, die vor und nach jeder Kampagne durchgeführt wurde, wurden spezifische Fragen zur Meinung und Wahrnehmung von Abtreibung sowie zu den politischen Ansichten der Befragten darüber gestellt, wann Abtreibung erlaubt sein sollte oder ob sie gesetzlich eingeschränkt werden sollte. Die Stichprobe umfasste demografische Daten der Befragten wie Geschlecht, Alter, gesprochene Sprache und ob Kinder im Haushalt leben.

Es wurde gefragt, ob die Befragten der Meinung sind, dass Abtreibung im Allgemeinen legal, überwiegend legal, überwiegend illegal oder komplett illegal sein sollte. In der Umfrage wurde auch gefragt, ob Abtreibung in allen drei Schwangerschaftsdritteln legal, größtenteils legal, größtenteils illegal oder illegal sein sollte, um festzustellen, wie die Befragten ihre Antwort insgesamt einordnen würden. Überwiegend legal könnte zum Beispiel bedeuten, dass die Befragten der Meinung sind, dass Abtreibung auf das erste Trimester beschränkt sein sollte, während überwiegend illegal bedeutet, dass Abtreibung in seltenen Fällen wie Vergewaltigung, Inzest, Anomalie des Fötus oder bei Gefahr für die Mutter erlaubt sein sollte. In der Umfrage wurde auch nach den Gefühlen der Befragten zum Thema Abtreibung auf einer vierstufigen Skala gefragt: positiv, überwiegend positiv, überwiegend negativ und negativ. Es wurde auch gefragt, ob der Anblick eines Bildes eines Abtreibungsopfers ihre Einstellung zur Abtreibung verändert hat, und wenn ja, ob es ihre positiven oder negativen Gefühle verstärkt hat.

Forschungsmethoden

Der Datensatz umfasste 1.741 Befragte und die Teilmengen waren vergleichbar: 845 vor und 896 nach der Kampagne. Bei einigen Antworten fehlten Angaben und sie wurden von der Analyse dieses Punktes ausgeschlossen. Die ersten Auswertungen ergaben keine demografischen Unterschiede zwischen den beiden Datensätzen, die die Ergebnisse verfälschen könnten. Die Daten wurden nach Kampagnen gekennzeichnet und als „vorher" oder „nachher" kodiert, damit die Kampagnen einzeln und als Ganzes verglichen werden konnten. Die Teilmengen waren vergleichbar: n=845 vor der Kampagne und n=896 nach der Kampagne. Die Stichprobengröße jeder Untergruppe reichte aus, um die öffentliche Meinung innerhalb einer Fünf-Punkte-Spanne zu messen, wobei die Ergebnisse mit 99%-iger Sicherheit auf die gesamte Bevölkerung Kanadas im Jahr 2015 verallgemeinert werden können: 35.749.600. [9] Es handelte sich nicht um gepaarte Stichproben, die Veränderungen in der individuellen Meinung zeigten, sondern um gepaarte Stichproben, die Veränderungen in der öffentlichen Meinung zeigten.

Die Antworten wurden so analysiert, wie sie in der Umfrage geschrieben wurden, und anschließend in Maßzahlen umcodiert, die den Grad der Unterstützung für den Schwangerschaftsabbruch angeben. Sie konnten auch Veränderungen aufzeigen und messen und wurden dann einer Analyse unterzogen, die mit nominalen oder ordinalen Daten nicht möglich ist. Außerdem gaben diese neuen Variablen die Ansichten der Befragten angesichts der Gesamtheit der Antworten genauer wieder. Wer zum Beispiel der Meinung ist, dass Abtreibung legal sein sollte (aber nicht überwiegend), sie aber auf das erste Trimester beschränken würde und eine generell negative Einstellung zur Abtreibung hat, hat eine andere Gesamtperspektive als jemand, der glaubt, dass Abtreibung legal sein sollte, keine Einschränkungen befürwortet und Abtreibung sehr positiv sieht.

Neben der Erstellung neuer und komplexer Indikatoren über die Wahrnehmung von Abtreibung waren Variablen auch nützlich, wenn sie zu neuen Variablen dichotomer Gruppen vereinfacht wurden, die diejenigen, die Abtreibung generell befürworten, von denen trennen konnten, die sie generell ablehnen. Diejenigen, die der Meinung waren, dass Abtreibung vollständig oder zumindest größtenteils illegal sein sollte, wurden als „generell Pro-Life" kodiert, und diejenigen, die der Meinung waren, dass Abtreibung vollständig oder zumindest größtenteils legal sein sollte, wurden als „generell pro Abtreibung" kodiert. Diejenigen, die eine sehr positive oder eher positive Einstellung zur Abtreibung hatten, wurden als „generell positiv" eingestuft, während diejenigen, die eine eher negative oder sehr negative Einstellung zur Abtreibung hatten, als „generell negativ" eingestuft wurden. Für diejenigen, die Abtreibung zumindest in einigen Fällen erlauben würden, wurde ein Maß für die Freizügigkeit erstellt, das darauf basierte, wie extrem diese Ansichten für die Abtreibung waren, von eingeschränkt bis zum ersten Schwangerschaftsdrittel bis hin zu denen, die keine Einschränkungen wollten, auch nicht im dritten Schwangerschaftsdrittel. Dies wurde auch als weitere Variable kodiert: diejenigen, die in Bezug auf Abtreibung „allgemein liberal" waren und sogar Abtreibungen nach der Lebensfähigkeit und Spätabtreibungen unterstützten, und diejenigen, die „allgemein konservativ" waren und Abtreibungen nur im ersten Schwangerschaftsdrittel zulassen würden.

Da viele neue erklärende Variablen aus denselben Daten erstellt wurden und auf dasselbe Konstrukt abzielten, wurden die neuen Variablen mit den ursprünglichen Antworten und vergleichbaren Variablen verglichen, um die Validität sicherzustellen. Natürlich waren diejenigen, die Abtreibung generell positiv gegenüberstanden, auch liberaler in ihren Ansichten zu Einschränkungen, und diejenigen, die Abtreibung generell negativ gegenüberstanden, waren selbst im ersten Schwangerschaftsdrittel überwiegend gegen Abtreibung. Dies stützt die Theorie, dass die Wahrnehmung von Abtreibung und die Veränderung der Wahrnehmung die Einstellung einer Person zur Legalität von Abtreibungen beeinflusst. Alle neuen Variablen waren signifikant und die Stärke der Beziehung zur „Cramer's V"-Statistik war mit v=1 perfekt.

In der Analyse wurden die Antworten „vorher" und „nachher" für alle Variablen gegenübergestellt, um festzustellen, ob es für jeden Punkt eine statistisch signifikante Veränderung gab. Dies wurde in Kontingenztabellen durchgeführt: zuerst für die dichotomen Variablen und dann für die ursprünglichen Antworten. Es wurden Beziehungen sowie die Stärke der Beziehung bestimmt. Für jede festgestellte Veränderung bestand der nächste Schritt darin, den Grad der Veränderung durch ordinale Regression zu bestimmen, um den spezifischen Unterschied in geordneten Antworten zu messen, d.h. wie viele ihre Meinung zu Abtreibung von „legal" zu „eher legal" geändert haben oder von einem „eher negativen" zu einem „stark negativen" Gefühl in Bezug auf Abtreibung übergegangen sind.

Auswirkungen von Kampagnen mit Bildern von Abtreibungen auf die öffentliche Meinung

Bei allen Umfragepunkten und -konstrukten nahmen die Pro-Life-Ansichten zu und die Pro-Abtreibungs-Ansichten ab. Die negative Wahrnehmung von Abtreibung nahm zu und die positive Wahrnehmung ab. Im Durchschnitt war bei denjenigen, die „generell für das Leben" oder

„generell konservativ" waren oder eine „generell negative" Einstellung zur Abtreibung hatten, ein statistisch signifikanter Anstieg zu verzeichnen. Andererseits war bei denjenigen, die „generell für Abtreibung" oder „generell liberal" waren oder eine „generell positive" Einstellung zur Abtreibung hatten, ein statistisch signifikanter Rückgang zu verzeichnen.

Dies bestätigt, dass sich die öffentliche Meinung in die von CCBR angestrebte Richtung verändert. Da die Stichprobengrößen nicht identisch sind und auch die Befragten nicht, ist die statistische Signifikanz und nicht die Häufigkeit das einzig gültige Maß für Veränderungen und dafür, inwiefern diese Veränderungen auf die CCBR-Kampagne zurückzuführen sind.

Zunahme der Pro-Life-Weltanschauung, Abnahme der Pro-Abtreibungs-Einstellung:

In der Umfrage wurden die Befragten zu ihrer allgemeinen und spezifischen Meinung darüber befragt, wann Abtreibung legal sein sollte. Diejenigen, die eine vollständige Abtreibung auf Verlangen oder ein vollständiges Verbot befürworteten, waren eine Randgruppe an den entgegengesetzten Enden. Die meisten tendierten zu einer Einschränkung nach dem ersten Schwangerschaftsdrittel. Diejenigen, die ein vollständiges Verbot oder eine Beschränkung nach dem ersten Schwangerschaftsdrittel forderten, galten als eher Pro-Life als pro Abtreibung, während diejenigen, die Abtreibungen auf Verlangen auch im zweiten und dritten Schwangerschaftsdrittel erlauben würden, eindeutig eher pro Abtreibung waren. Die erste Tabelle zeigt die Verschiebung der Weltanschauung vor und nach der CCBR-Kampagne.

Dies wird gemessen, indem man die Richtung der Veränderung hin zu einer Pro-Life-Weltanschauung und weg von einer pro Abtreibungs-Weltanschauung betrachtet. Bei der Analyse der oberen Schwelle für Abtreibungsbefürworter, wie z.B. denjenigen, die eine vollständige Legalisierung befürworten, und denjenigen, die der Abtreibung sehr positiv gegenüberstehen, sollte diese Schwelle nur sinken. Auch wenn dies einen Anstieg der gemäßigten Ansichten oder derjenigen, die der Abtreibung eher positiv gegenüberstehen, bedeuten könnte, ist dies kein Anstieg der positiven Einstellung zur Abtreibung, es sei denn, der Schwellenwert für die Pro-Life-Ansicht ist in Richtung Abtreibungsbefürworter gesunken.

In Bezug auf den Grad der Unterstützung für Abtreibung auf einer Vier-Punkte-Skala von „völligem Verbot", „größtenteils verboten", „größtenteils erlaubt" und „vollständig erlaubt", nahm die Unterstützung für legale Abtreibung jedoch ab und die Pro-Life-Sichtweise zu. Bei den schrittweisen Veränderungen im Grad der Abtreibungsunterstützung war dies mit p=0,02 statistisch signifikant. Die extremste Befürwortung von Abtreibung ging zurück und der Trend ging zu einer eher Pro-life-Sichtweise. Tabelle 1 zeigt, dass sich alle Prozentsätze von der Legalität der Abtreibung wegbewegten.

Tabelle 1: Auswirkungen der Kampagne mit Bildern von Abtreibungsopfern von CCBR auf die Weltanschauung

	Vor der CCBR-Bildkampagne mit Abtreibungsopfern	Nach der CCBR-Bildkampagne mit Abtreibungsopfern	Gewonnene Pro-Life-Prozentpunkte	Kulturelle Auswirkungen (prozentuale Zunahme der Pro-Life-Ansichten)
Komplett pro Abtreibung	15,3%	13,6%	1,7%	11,11%
Moderat pro Abtreibung	18,5%	16,0%	2,5%	13,51%

Tendenziell Pro-Life	39,0%	35,2%	3,8%	9,74%
Komplett Pro-Life	27,2%	35,2%	8,0%	29,41%
Kulturelle Gesamtwirkung: 15,95%				

TABELLE 1
Statistisch signifikant bei p=0,02

Die obere Schwelle - Abtreibung auf Verlangen ohne jegliche Einschränkung - wird als absolut abtreibungsfreundlich eingestuft. Diejenigen, die Abtreibung in begrenzten Fällen befürworten, können jedoch nicht als absolute Abtreibungsbefürworter bezeichnet werden. Nichtsdestotrotz sind diese Personen, die sich wünschen, dass Abtreibung „größtenteils illegal" ist (nur nicht illegal), ideologisch näher an den vollständigen Lebensrechtlern dran als an den moderaten Abtreibungsbefürwortern.

Aus diesem Grund wurde eine neue Variable erstellt, um die Befragten in „generell für das Leben" und „generell für Abtreibung" zu unterteilen. Mit der Vier-Punkte-Skala wurde eine statistische Signifikanz gefunden, die jedoch knapp unter der statistischen Signifikanz lag. Der Prozentsatz der Befürworter des Lebens stieg zwar um 4,92% und der der Abtreibungsbefürworter sank um 9,16%, aber dieser Zuwachs war statistisch nicht signifikant, da die Veränderung bei den Befürwortern des Lebens innerhalb einer Fehlermarge von 5 Prozentpunkten lag.

Der gesamte kulturelle Einfluss ist ein Zuwachs von 7,04% in Richtung einer lebensbejahenden Weltanschauung. Dies ist zwar statistisch nicht signifikant, um zu zeigen, dass die Veränderung auf die Kampagne zurückzuführen ist, aber die Häufigkeit geht dennoch in die richtige Richtung. Die Ergebnisse sind in Tabelle 2 unten aufgeführt.

Tabelle 2: Auswirkungen der CCBR- Kampagne mit Bildern von Abtreibungsopfern auf die allgemeine Meinung über Schwangerschaftsabbrüche auf Abtreibung

	Vor der CCBR-Bildkampagne mit Abtreibungsopfern	Nach der CCBR-Bildkampagne mit Abtreibungsopfern	Gewonnene Pro-Life-Prozentpunkte	Kulturelle Auswirkungen (prozentuale Zunahme der Pro-Life-Ansichten)
Generell Pro-Life	48,8%	51,2%	2,4%	9,16%
Generell pro Abtreibung	52,4%	47,6%	4,8%	4,92%
Potenzielle kulturelle Gesamtwirkung: 7,03%				

TABELLE 2

Konservative Ansichten zu Abtreibung nehmen zu, liberale Ansichten zu Abtreibung nehmen ab:

Während nicht alle, die von „generell pro Abtreibung" wechselten, zu „generell Pro-Life" übergingen, war fast ein Zehntel der Befragten nicht mehr der Meinung, dass Abtreibung nach dem ersten Schwangerschaftsdrittel legal oder größtenteils legal sein sollte. Auch wenn sie nicht wünschten, dass sie im ersten Schwangerschaftsdrittel völlig illegal oder größtenteils illegal sein sollte. Da der Anstieg in Richtung Pro-Life statistisch nicht ganz signifikant war, wurden die Pro-Life-Befragten in einer Analyse der nahezu erheblichen 9,16%, die nicht mehr der Meinung waren, dass Abtreibung insgesamt weitgehend legal sein sollte, berücksichtigt.

Obwohl dies statistisch nicht signifikant war, kann davon ausgegangen werden, dass sich 4,92% der Befragten als Pro-Life-Befürworter identifizierten, wenn man nur diejenigen ausschließt, die ein Abtreibungsopfer gesehen haben und dennoch nicht zu Pro-Life gewechselt sind. Untersucht man nur die Befürworter der legalen Abtreibung, so lässt sich feststellen, wie viele von ihnen liberal für eine legale Abtreibung auf Verlangen (bis ins zweite und dritte Schwangerschaftsdrittel) sind und wie viele konservativ für eine legale Abtreibung auf Verlangen sind, die jedoch nur im ersten Schwangerschaftsdrittel legal sein soll. Da es Nuancen wie Vergewaltigung, Inzest und Gesundheit gibt, die in der Umfrage nicht im Detail angesprochen werden konnten, waren diejenigen, die der Meinung waren, dass eine Abtreibung im späteren Schwangerschaftsstadium „größtenteils illegal" sein sollte, konservativer als diejenigen, die der Meinung waren, dass eine Abtreibung „größtenteils legal" sein sollte. Der Zuwachs an konservativen Ansichten geht mit dem Zuwachs an liberalen Ansichten einher. Tabelle 3 zeigt diesen Zuwachs.

Die konservative Gesinnung verschob sich von der Minderheit zur Mehrheit nahezu in gleichem Ausmaß. Es gab einen statistisch signifikanten Zugewinn, der aus einer abtreibungsfreundlichen liberalen Weltanschauung in eine (wenn auch nicht vollständige, sondern inkrementelle) stärker pro-life konservative Sichtweise überging - nach der Kampagne mit Abtreibungsopferbildern. Es ergab sich insgesamt ein fast 17%-iger Anstieg konservativer Einstellungen und ein entsprechender Rückgang liberaler Ansichten. Da dieser Unterschied mit einem p-Wert von 0,03 (auf 0,05-Niveau) statistisch signifikant war, ist anzunehmen, dass die Veränderung nicht zufallsbedingt erfolgte, sondern vielmehr auf den Eingriff der CCBR-Kampagnen zurückzuführen ist.

Abtreibungsopferbilder verstärken negative Gefühle und diese Gefühle korrespondieren mit politischen Positionen:

Diese Studie untersucht den Einfluss von Abtreibungsopferbildern. In der Umfrage wurde daher speziell nach den Bildern gefragt. Die Befragten wurden interviewt, ob der Anblick von Fotos von Abtreibungsopfern ihre Gefühle gegenüber der Abtreibung verändert habe und ob diese Veränderung positiver oder negativer Natur war. Die Ergebnisse zeigten, dass der Blick auf beliebige Abtreibungsopferbilder (nicht nur Bilder aus einer CCBR-Kampagne) die negativen Gefühle verstärkte – wobei dieser Anstieg bei der Bildauswahl und -präsentation des CCBR noch stärker zum Ausdruck kam.

Die Gefühle gegenüber Abtreibung sind insofern bedeutsam, als dass sie statistisch mit der Haltung zur Legalität der Abtreibung und dem Grad des Liberalismus einhergehen. Personen, die Abtreibung negativ bewerten, unterstützen tendenziell eher ein Totalverbot, ähnlich wie jene, die Abtreibung stark positiv bewerten, eher für totale Legalität plädieren. Es zeigen sich auch graduelle Parallelen – wie in Abbildung 1 ersichtlich.

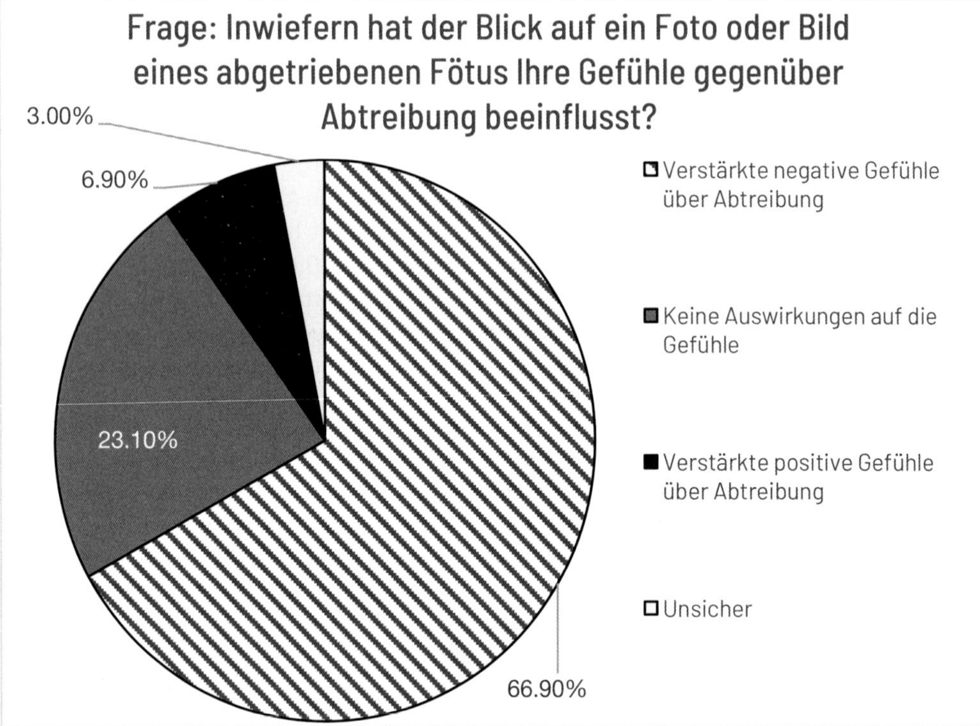

Abbildung 1

Die Korrelation zwischen diesen Variablen ist signifikant, doch entscheidend ist die Stärke der Beziehung. Cramer's V ergab einen Wert von v = 0,756, was auf einen starken, wenn auch nicht vollkommen parallelen Zusammenhang hindeutet – dies legt nahe, dass es sich um nicht exakt dasselbe Konstrukt handelt. Personen, die Abtreibung negativ empfinden, befürworten dennoch in manchen Fällen deren Legalität, sodass der Zusammenhang nicht vollkommen ist; dennoch korrespondieren 75% der Antworten mit den individuellen Gefühlen. Betrachtet man isoliert die Wirkung der Abtreibungsopferbilder, gibt es eine Untergruppe von Betrachtern, die angaben, keinerlei Reaktion auf diese Bilder zu zeigen. Leider sind Personen, die behaupten, nicht von den Bildern beeinflusst zu sein, tendenziell eher pro Abtreibung orientiert als pro-life Personen. Letztere gaben an, dass sie in lediglich 20% der Fälle keine Reaktion zeigten - danach stellten sie überwiegend negative Gefühle fest. Wenn man die 26,7% der Unentschiedenen mit einbezieht, die angaben, von den Bildern unbewegt zu sein, unterstützten besorgniserregende 53,3% dennoch die Legalisierung von Abtreibung. Dies ist die anvisierte Zielgruppe - nicht die 20%, die bereits wissen, was Abtreibung bedeutet, und sie daher ablehnen.

Insgesamt zeigen die Ergebnisse überwältigend negative Gefühle nach dem Betrachten der Bilder: 66,9% - das Zehnfache derjenigen, die angaben, verstärkt positive Gefühle zu haben (6,9%). Abbildung 1 zeigt zwar, dass 23% insgesamt nicht betroffen sind, was nicht auf PR-Schäden hindeutet, sondern lediglich darauf, dass manche Personen festgelegt oder gleichgültig gegenüber Abtreibung sind. Wenn man allerdings ausschließlich die Betroffenen betrachtet, werden die Ergebnisse deutlich eindrücklicher.

Die Mehrheit der Menschen reagiert auf Abtreibungsopfer - und wenn dies der Fall ist, steigt die Zahl derjenigen, die eine negative Einstellung gegenüber Abtreibung haben, um über 90%. Abbildung 2 veranschaulicht diesen Kontrast.

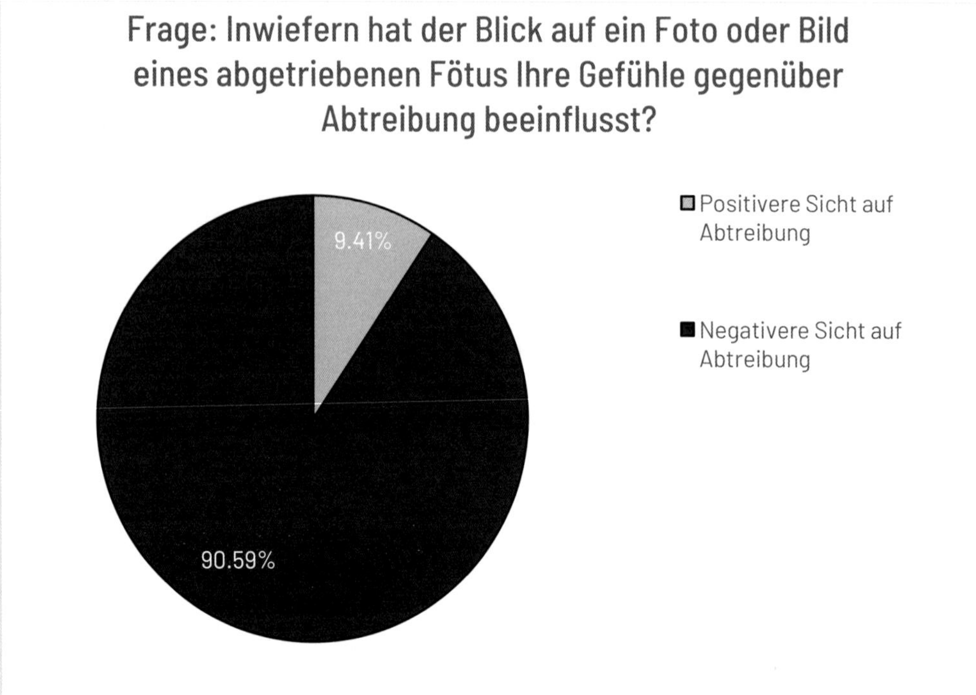

Abbildung 2

Der Gesamtdifferenzwert zwischen den verstärkt negativen Gefühlen, die der CCBR-Kampagne zugeschrieben wurden, war statistisch nicht signifikant (1,2%), wie Tabelle 3 belegt. Es ist jedoch wichtig zu betonen, dass diese Tabelle – trotz des Fehlens statistischer Signifikanz – durchweg in die Pro-life-Richtung tendiert. Die Ergebnisse verdeutlichen, dass Abtreibungsopferbilder negative Gefühle gegenüber Abtreibung verstärken; dieser moderate Zugewinn ist also ein ermutigendes Signal, dass das CCBR diese Botschaft mit größerem Scharfsinn vermitteln könnte als andere Formen des Einsatzes von Abtreibungsopferbildern – und das, ohne andere Kampagnen in ein schlechtes Licht zu rücken. Tabelle 3 zeigt, wie sich die Bilder auf die Gesamtstimmung der

Menschen in Bezug auf Abtreibung auswirken, nachdem sie Abtreibungsopfer im Rahmen einer CCBR-Kampagne gesehen haben.

Tabelle 3: Auswirkungen der Bilderkampagne der CCBR für Abtreibungsopfer auf die Gefühle bei der Abtreibung

	Vor der CCBR-Bildkampagne mit Abtreibungsopfern	Nach der CCBR-Bildkampagne mit Abtreibungsopfern	Gewonnene Pro-Life-Prozentpunkte	Kulturelle Auswirkungen (prozentuale Zunahme der Pro-Life-Ansichten)
Generell positive Gefühle über Abtreibung	37,8%	36,6%	1,2%	3,17%
Generell negative Gefühle über Abtreibung	62,2%	63,4%	1,2%	1,93%
Potenzielle kulturelle Gesamtwirkung: 1,2%				

TABELLE 3

Inkrementelle Verschiebung in der Akzeptanz von Abtreibung und in der rechtlichen Nachgiebigkeit:

Betrachtet man ausschließlich jene, die sich nicht vollständig für den Pro-life-Standpunkt des Totalverbots entschieden haben, zeigen sich klare, schrittweise Veränderungen in Richtung einer stärker pro-life orientierten öffentlichen Meinung. Die Häufigkeiten veranschaulichen die Gesamtergebnisse und weisen zudem auf potenzielle schrittweise

Veränderungen hin. Antworten, die negativ erscheinen - wie etwa ein Anstieg von Personen, die moderat oder schwach abtreibungsfreundlich sind - deuten darauf hin, dass gemäß den Gesamtergebnissen eher ein schrittweiser Zugewinn in Richtung pro-life zu verzeichnen ist.

Diese Verschiebung wird daran gemessen, inwieweit sich die öffentliche Meinung in Richtung einer stärker pro-life orientierten Haltung und weg von einer abtreibungsfreundlichen Haltung verändert hat. Betrachtet man insbesondere das obere Ende der abtreibungsfreundlichen Bewertungen, also jene, die totale Legalität befürworten oder Abtreibung als stark positiv empfinden, sollte diese Grenze nur sinken. Zwar kann dies einen Anstieg moderater Ansichten oder von Personen, die Abtreibung etwas positiver sehen, bedeuten - was jedoch nicht als Zunahme abtreibungsfreundlicher Stimmung zu werten ist, sofern die Grenze der Pro-life-Bewertungen nicht in Richtung abtreibungsfreundlich verschoben wurde. Bei den inkrementellen Veränderungen im Grad der Abtreibungsunterstützung erwies sich der Effekt als statistisch signifikant ($p = 0{,}02$). Es kam zu einem Rückgang der extrem abtreibungsfreundlichen Haltung und zu einem Trend in Richtung einer stärker pro-life geprägten Sicht.

Schlussfolgerung

Die Behauptungen der Gegner, dass Abtreibungsopferbilder unwirksam seien, werden durch die statistisch signifikante Zunahme einer Pro-life-Haltung in der öffentlichen Meinung nicht gestützt. Es gab eine statistisch signifikante Zunahme derjenigen, die generell pro-life eingestellt sind, und einen entsprechenden Rückgang derjenigen, die generell abtreibungsfreundlich sind - eine insgesamt 17%ige Verschiebung der politischen Einstellung in Richtung Ablehnung von Abtreibung (weniger Nachgiebigkeit) statt in Richtung Pro-Abtreibung nach der Kampagne. Das Maß an Nachgiebigkeit gegenüber Abtreibung nahm statistisch ab, während die Unterstützung für schrittweise Pro-life-Maßnahmen wie fristenbasierte Einschränkungen insgesamt um 15% deutlich zunahm.

Die Zahl derjenigen, die sich als völlig pro-life identifizieren, stieg nach der Kampagne um fast 30%, während jene, die sich als Pro-Abtreibung brandmarken, in ihrem Unterstützungsgrad für Abtreibung ebenfalls zurückgingen. Insgesamt ergab sich eine statistisch signifikante Verschiebung um fast 17% in Richtung einer Pro-life-Weltanschauung - ein Zugewinn bei den Pro-life-Gesinnten und ein entsprechender Verlust bei den abtreibungsfreundlichen. Darüber hinaus gab es nach der Kampagne einen insgesamt 7%igen Zugewinn bei denen, die sich als pro-life statt Pro-Abtreibung identifizieren. Das Maß an Verständnis gegenüber Abtreibung nahm signifikant ab, während die Unterstützung für schrittweise Pro-life-Maßnahmen (wie etwa Fristen in der Schwangerschaft) insgesamt um 15% deutlich zunahm.

Die Gefühle gegenüber Abtreibung verschoben sich signifikant in eine negative Richtung, wobei nach der CCBR-Kampagne weniger Personen angaben, positive Gefühle gegenüber Abtreibung zu empfinden - nachdem gezeigt wurde, was Abtreibung wirklich ist. Weitere Analysen ergaben, dass die Intensität der Gefühle hinsichtlich Abtreibung zweifelsfrei mit den politischen Standpunkten zur Abtreibung übereinstimmt: Personen, die Abtreibung stark positiv bewerteten, plädierten für keinerlei gesetzliche Beschränkungen, während jene, die Abtreibung äußerst negativ beäugen, eine völlige Abschaffung befürworteten. Dies legt nahe, dass eine Änderung der öffentlichen Einstellung zu Abtreibung Einfluss darauf hat, wie Menschen für Kandidaten stimmen, die bereit und fähig sind, gesetzliche Beschränkungen zu erlassen, die tatsächlich Leben retten. Abtreibungsopferbilder waren wirksam darin, diese Gefühle zu verändern - über 90% der Befragten gaben an, dass der Anblick dieser Bilder ihre negativen Gefühle gegenüber Abtreibung verstärkte.

Auch diejenigen, die bereits vor der CCBR-Kampagne ein solches Bild gesehen hatten, berichteten, dass auch andere Bilder ihre negativen Gefühle verstärkten. Dieser Anstieg war nach der CCBR-Kampagne statistisch noch stärker, was darauf hindeutet, dass die Präsentation bzw. die Wahl der Bilder durch das CCBR effektiver waren als zuvor gesehene Bilder. Dies legt jedoch weiterhin nahe, dass Bilder von Abtreibungsopfern an sich – unabhängig von der Präsentation – in sich eine intrinsische Wirksamkeit besitzen, um zuvor positive Wahrnehmungen von Abtreibung zu verändern und die Kultur zu beeinflussen.

Basierend auf einer einzigen Kampagne ist dieser Wandel nicht drastisch – dennoch zeigen sich bei jeder untersuchten Variablen deutliche, schrittweise Verschiebungen in die gewünschte Richtung einer stärker pro-life geprägten öffentlichen Meinung. Zwar geben weiterhin manche Befragte an, pro Abtreibung zu sein, aber es sind weniger geworden. Diejenigen, die dies tun, zeigen weniger Enthusiasmus und eine stärkere Unterstützung für Abtreibungsbeschränkungen. Die gegenteiligen Behauptungen, dass Abtreibungsopferbilder die öffentliche Meinung nicht verändern würden, können nur dann gestützt werden, wenn „Wirksamkeit" als eine unrealistische, sofortige und drastische Umorientierung gegen jegliche Form von Abtreibung qualifiziert wird. Es gab jedoch keinerlei Belege für die Behauptung, dass die Strategie der Abtreibungsopferbilder irgendeinen Schaden anrichten oder andere Strategien behindern würde.

Endnoten zu Anhang II

1 Erdreich, Sarah (8. Oktober 2015) The Dark History of the Right's Graphic, Misleading Abortion Images *Talking Points Memo*

2 Hatten, Kristen (19. Juni 2012) A Graphic Image Converted Me to Pro-Life; Now Here's Why I Am Against Graphic Images *Live Action News*

3 Rogers, Jay (17. Juni 2014) „Incrementalism vs. Immediacy" - Strategy of the National Personhood Alliance *Personhood*.org

4 New, Michael (17. Juli 2012) Casey at 20: Pro-Life Progress Despite a Judicial Setback *The Public Discourse*

5 Guttmacher Institute (März 2016) Fact Sheet: Induced Abortion in the United States *Guttmacher.org*

6 Strand, Paul (15. Januar 2013) Graphic Abortion Signs Ban Threat to Free Speech? *Christian Broadcasting Network*

7 Gray, Stephanie (18. September 2012) Ending the Killing: Why Graphic Images of Abortion are Necessary *Live Action News*

8 Pauker, Paul (19. September 2012). Why Stephanie Gray's Argument is Wrong (and Misguided). *Live Action News*

9 Statistics Canada (7. Januar 2016) Population and Dwelling Count, Census Program. *www.statcan.gc.ca*

10 Canadian Centre for Bio-Ethical Reform (2015). Projects. *Unmaskingchoice.ca.*

11 Blue Direct (2013). IVR Voter ID and Polling. www.bluedirect.ca

Danksagungen

Den Männern und Frauen der Lebensrechtsbewegung, die seit Jahrzehnten dafür gekämpft haben, verborgene Ungerechtigkeiten ans Licht zu bringen und das Leben derjenigen zu retten, die von Vernichtung bedroht sind.

Gregg Cunningham, Scott Klusendorf, Monica Miller, Stephanie Gray, Joe Scheidler, Mark Harrington und Troy Newman – allen, die durch ihre Arbeit und Forschung zu diesem Buch beigetragen haben.

Meinen Kolleginnen und Kollegen des Canadian Centre for Bio-Ethical Reform, die mich jeden Tag aufs Neue inspirieren, indem sie tatkräftig vor Ort daran arbeiten, ungeborene Kinder zu retten.

Den vielen großzügigen Unterstützerinnen und Unterstützern der Lebensrechtsbewegung. Ohne euch wäre unsere Arbeit nicht möglich.

Meiner Frau Charmaine, die unzählige lange Nächte des Schreibens und Redigierens ertragen hat.

Meiner Tochter Charlotte, die ohne ein Viertel ihrer Altersgenossen aufwachsen wird – sie wurden von der Abtreibungsindustrie getötet.

Über den Autor

Jonathon Van Maren ist Redner, Autor und Pro-Life-Aktivist. Seine Kommentare wurden in mehr als acht Sprachen übersetzt und finden eine breite Öffentlichkeit sowohl online als auch in Printmedien wie der Jewish Independent, der National Post, dem Hamilton Spectator und weiteren Zeitungen. Er erhielt eine Auszeichnung der jüdischen Organisation B'nai B'rith für seinen Einsatz gegen Antisemitismus in der Presse. Seine Kommentare wurden unter anderem bei CTV Primetime, Global News, EWTN und CBC sowie auf zahlreichen Radiosendern und Nachrichtenportalen in Kanada und den Vereinigten Staaten präsentiert.

Er spricht über eine Vielzahl kultureller Themen in Nordamerika an Universitäten, weiterführenden Schulen, Kirchen und bei anderen Veranstaltungen - mit einer besonderen Expertise in Pro-Life-Strategien, neben anderen Themen. Jonathon hat einen Bachelor of Arts in Geschichte von der Simon Fraser University und ist Kommunikationsdirektor des Canadian Centre for Bio-Ethical Reform.

Jonathon ist außerdem Autor von *The Culture War* (Life Cycle Books, 2016) und Mitautor - gemeinsam mit Blaise Alleyne - von *A Guide to Discussing Assisted Suicide* (Life Cycle Books, 2017).

Endnoten

zum Haupttext

---

[1] Eric Metaxas, Amazing Grace: William Wilberforce and the Heroic Campaign to End Slavery, (New York: Harper Collins, 2007), xiv

[2] Adam Hochschild, „History to the rescue", TomDispatch.com, January 22, 2004, accessed August 8, 2017, sfl.onl/ausgs

[3] William Wilberforce, „William Wilberforce's 1789 Abolition Speech", September 20, 2017, accessed August 8, 2017, sfl.onl/vhs9x

[4] Adam Hochschild, Bury the Chains: Prophets and Rebels in the Fight to Free an Empire's Slaves, (New York: Houghton Mifflin Company, 2005), 128-129

[5] Karen Swallow Prior, Fierce Convictions: The Extraordinary Life of Hannah More, Poet, Reformer, Abolitionist, (Nashville: Nelson Books), 128

[6] Eric Metaxas, Amazing Grace (s. Anm. 1), 131

[7] Adam Hochschild, Bury the Chains (s. Anm. 4), 155-6

[8] Karen Swallow Prior, Fierce Convictions (s. Anm. 5), 125

[9] Eric Metaxas, Amazing Grace (s. Anm. 1), 131-132

[10] Adam Hochschild, Bury the Chains (s. Anm. 4), 168

[11] Adam Hochschild, Bury the Chains (s. Anm. 4), 317

[12] Adam Hochschild, Bury the Chains (s. Anm. 4), 183

[13] Eric Metaxas, Amazing Grace (s. Anm. 1), 147-148

[14] Adam Hochschild, King Leopold's Ghost: A Story of Greed, Terror, and Heroism in Colonial Africa, (New York: Houghton Mifflin Company, 1998), 2

[15] Adam Hochschild, King Leopold's Ghost (s. Anm. 14), 190-1

[16] Adam Hochschild, King Leopold's Ghost (s. Anm. 14), 206

[17] Adam Hochschild, King Leopold's Ghost (s. Anm. 14), 215

[18] Adam Hochschild, King Leopold's Ghost (s. Anm. 14), 236

[19] Adam Hochschild, King Leopold's Ghost (s. Anm. 14), 305

[20] Rachel Segal Hamilton, „The Century-Old Photos That Exposed the Evils of Colonialism in Africa", Vice, February 11, 2015, accessed August 8, 2017, sfl.onl/ig5mj

[21] Adam Hochschild, King Leopold's Ghost (s. Anm. 14), 179

[22] Alan Taylor, „Child Labor in America 100 Years Ago", The Atlantic, July 1, 2015, accessed August 8, 2017, sfl.onl/hugr1

[23] Jacob A. Riis, How The Other Half Lives, (New York: Penguin Books, 1997), ix

[24] Mamie Till-Mobley, Death of Innocence: The Story of the Hate Crime That Changed America, (New York: Random House, 2003), 129

[25] Mamie Till-Mobley, Death of Innocence (s. Anm. 24), 133

[26] Mamie Till-Mobley, Death of Innocence (s. Anm. 24), 139

[27] Jim Carrier, „Traveling the civil rights trail", The Washington Post, August 26, 2011, accessed August 8, 2017, sfl.onl/b13oi

[28] Richard Speed, „Review of Mark Kurlansky's 1968: The Year that Rocked the World", History News Network, April 10, 2006, accessed August 10, 2017, sfl.onl/6vfpk

[29] Leigh Raiford, „How Photography Shifted the Balance of the Civil Rights Movement", Gizmodo, February 24, 2011, accessed August 8, 2017, sfl.onl/p11dd

[30] ProLife Institute. 10/07/23. Dr. Alveda King Supports GAP. Retrieved from sfl.onl/w7vn9

[31] Scott Klusendorf, „Graphic Visuals: A Reply to Mr. Briggs", Pro-Life Training, February 2014, accessed on August 10, 2017, sfl.onl/m6ca8

[32] Jonathon Van Maren, „The Planned Parenthood videos have ended the debate over graphic abortion images", LifeSiteNews.com, August 12, 2015, accessed on August 10, 2017, sfl.onl/15z0a

[33] Ruben Navarrette Jr., „I Don't Know If I'm Pro-Choice After Planned Parenthood Videos", The Daily Beast, August 10, 2015, accessed on August 10, 2017, sfl.onl/vhxio

[34] Naomi Wolf, „Our Bodies, Our Souls", The New Statesman, January 27, 2013, accessed on August 10, 2017, sfl.onl/7ufc2

[35] Scott Klusendorf, „Graphic Visuals: A Reply to Mr. Briggs", Pro-Life Training, February 2014, accessed on August 10, 2017, sfl.onl/m6ca8

[36] Kate Michelman and Frances Kissling, „Abortion's battle of messages", Los Angeles Times, January 22, 2008, accessed on August 10, 2017, sfl.onl/rppcf

[37] Kate Michelman and Frances Kissling, „Abortion's battle of messages" (s. Anm. 36), sfl.onl/rppcf

[38] Jane Kirby, „Freedom of (hate) speech", Briarpatch Magazine, September 9, 2010, accessed on August 10, 2017, sfl.onl/vxop3

[39] Victoria L. Bromley, Feminisms Matter: Debates, Theories, Activism, (Toronto: University of Toronto Press, Inc., 2012), 207-208

[40] Victoria L. Bromley, Feminisms Matter (s. Anm. 39), 208

[41] Paul Saurette and Kelly Gordon, The Changing Voice of the Anti-Abortion Movement, (Toronto: University of Toronto Press, 2015), 183

[42] Judith A. Baer, ed., Historical and Multicultural Encyclopedia of Women's Reproductive Rights in the United States, (USA: Greenwood Press, 2002), 10

[43] Joanna Brien and Ida Fairbairn, Pregnancy and Abortion Counseling, (London: Routledge, 1996), 175

[44] Joanna Brien and Ida Fairbairn, Pregnancy and Abortion Counseling (London: Routledge, 1996), 169

[45] Ann Barrowclough, „ABORTION; THIS IS WHAT OUR NURSES REALLY THINK ...", Sunday Mirror, August 18, 1996, accessed on August 10, 2017, sfl.onl/3glgn

[46] Matthew Culinan Hoffman, „Full Abortions Shown On Spanish Television – First Time In History", LifeSiteNews.com, December 14, 2007, accessed on August 10, 2017, sfl.onl/ato5x

[47] Sarah Terzo, „Pregnant abortionist feels her baby kick as she tears off leg in an abortion", LifeNews, October 3, 2014, accessed August 11, 2017, sfl.onl/phv12

[48] Jason Deparle, „Beyond the Legal Right; Why Liberals and Feminists Don't like to Talk about the Morality of Abortion", Washington Monthly, April 1989

[49] Rebecca Paley, „End of the Road", Mother Jones, October 2003, accessed August 11, 2017, sfl.onl/kg8hq

[50] Rebecca Paley, „End of the Road" (s. Anm. 49), sfl.onl/kg8hq

[51] Kathleen M Roe, „Private Troubles and Public Issues: Providing Abortion and Is Competing Definitions", Social Science and Medicine 29, (1989): 1197

[52] Second Trimester Abortion: Perspectives After a Decade of Experience (Berger, Brenner, Keith, eds, Martinus Nijhoff

Publishers, 1981), in the chapter „Psychological Impact on Patients and Staff", 246

53 Nicholas Johnson, Journal of Medical Ethics 1989, vol. 15, 82

54 Kibel, H. D., „Editorial: Staff Reactions to Abortion", Obstetrics and Gynecology (1972) 39 (1).

55 „Why Doctors are Fleeing the Carnage", Canadian Business and Current Affairs Western Report, November 21, 1994

56 Diane M. Gianelli, „Abortion Providers Share Inner Conflicts", American Medical News, July 12, 1993

57 Magda Denes, PhD., In Necessity and Sorrow: Life and Death in an Abortion Hospital, (New York: Basic Books Inc. 1976) 239 -240

58 Bernard N. Nathanson MD, Aborting America, (New York: Doubleday Company, 1979), 141

59 Mary Meehan, „The Ex-Abortionists: Why They Quit", Human Life Review 26:2-3 (Spring-Summer 2000), 19

60 Jonathon Van Maren, „Counting the Corpses: A Look Inside the World of Abortion Pathology", The Canadian Centre for Bio-Ethical Reform, October 23, 2013, accessed August 10, 2017, sfl.onl/7kkf4

61 Jonathon Van Maren, „Counting the Corpses" (s. Anm. 60)

62 Jonathon Van Maren, „Counting the Corpses" (s. Anm. 60)

63 Jonathon Van Maren, „Counting the Corpses" (s. Anm. 60)

64 Jonathon Van Maren, „Counting the Corpses" (s. Anm. 60)

[65] Jonathon Van Maren, „Counting the Corpses" (s. Anm. 60)

[66] Jonathon Van Maren, „Counting the Corpses" (s. Anm. 60)

[67] Gregg Cunningham, „A Holistic Approach to Ending Abortion and Healing the Culture", The Center for Bio-Ethical Reform, January 19, 2013

[68] Gregg Cunningham, „A Holistic Approach to Ending Abortion and Healing the Culture" (s. Anm. 67)

[69] Scott Klusendorf, „Should Crisis Pregnancy Centers Use Graphic Visual Aids?", Priests for Life, accessed August 10, 2017, sfl.onl/6qbii

[70] Marshall McLuhan, Letters of Marshall McLuhan, (Toronto: Oxford University Press, 1987), 441, 503

[71] Richard Lacayo, Book Review of Inferno, James Nachtwey, Time Online Edition, available from sfl.onl/hfv2d, viewed November 29, 2005

[72] Monica Miller, Abandoned: The Untold Story of the Abortion Wars, (USA: St. Benedict Press, 2012), 277

[73] Scott Klusendorf, The Case for Life: Equipping Christians to Engage the Culture, (Illinois: Crossway Books, 2009), 9

[74] Scott Klusendorf, The Case for Life (s. Anm. 73), 9-10

[75] Richard Selzer, „What I Saw at the Abortion", Esquire, January, 1976, 66-67